JN254508

南山大学学術叢書

エンパワーメント評価モデルに基づく教員のバーンアウト予防プログラム

―現場と研究者の協働による実践への示唆―

池田　満 著

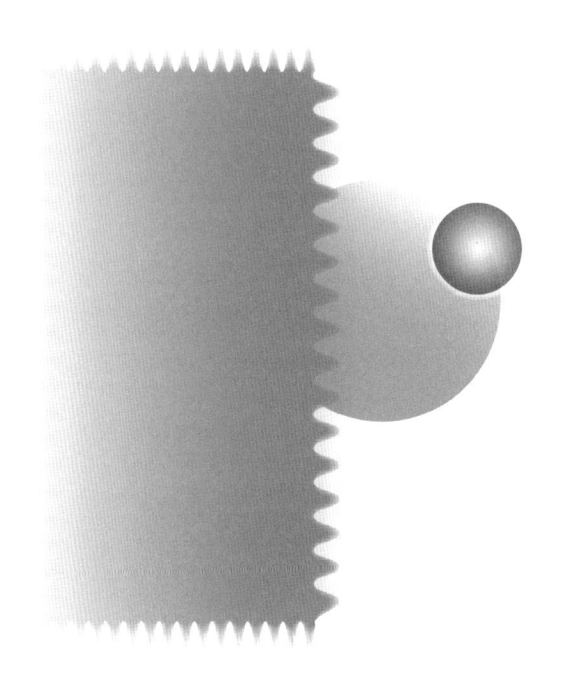

風間書房

目　　次

　本書，第4章から第7章に記されている実践研究プロジェクトは，著者が国際基督教大学大学院教育学研究科在学中に行ったものです。国際基督教大学では2013年に「国際基督教大学研究倫理委員会規程」を制定し，「個人の尊厳，人権の尊重及び個人情報の保護などの倫理的配慮が適切になされているかどうかにつき，審査」しておりますが，本研究は同規程制定，施行前に実施されたものであり，同規程の対象外となっております。ただし，研究にあたっては，心理学関連諸団体の倫理要綱，規程等を参照しながら，筆者の責任において個人の尊厳，人権の尊重および個人情報の保護などの倫理的配慮を行っております。

　なお，南山大学では，「人間の尊厳のために」という建学の理念に基づき，「『人を対象とする研究』倫理ガイドライン」および関連諸規程を制定しており，南山大学構成員は，生命の尊厳および個人の尊厳を重んじた研究を行っております。

第1章　はじめに：学校教員のメンタルヘルスの現状

　社会の変革に呼応するように，日本の学校教育を取り巻く状況も刻一刻と変化を続けている。1970年代末期から社会問題として注目されるようになった校内暴力に始まり，いじめや不登校，学級崩壊，学校教育に関わる問題を表すキーワードが日々新たに生まれている。2000年代以降にはモンスター・ペアレントという用語が登場し，学校教員が対応すべき問題は，範囲も対象者も広まっている。また，ゆとり教育から脱ゆとり教育への転換に象徴されるような，教育行政の大規模かつ頻繁な変更への対応も教育現場では求められ続けている。今日の学校教育の現場では，児童・生徒の指導に関わる業務負担の増大に加え，新たに導入される諸施策に関わる書類作業や，地域との連携，保護者への対応など，児童・生徒の指導の周辺領域にある業務の負担が拡大し続けている。

　このように，日々新たに生じる問題に対応し，教育の質の向上が求められている一方で，教員数削減の議論が常に繰り広げられるなど，教員の職務環境を向上させるような支援に関する議論が実現に至る様子は見られない。最近では「教員の資質向上」を目指した施策が試みられているが，実態は従来の校内研修の回数が増加して教材研究など本来の教育活動に充てる時間がさらに削減されたり，教員の業務査定が導入され，指導力不足，不適格教員に対する改善のための研修が行われたり，改善が見られない教員を免職できるというような法改正まで行われている。

　児童・生徒に関わる問題の広範囲化と深刻化，本来の職務の周辺領域での業務負担の増大と体系的なキャリア発達に対する十分なシステムを提供しない中で，学校での問題の原因を最終的に個人の資質や能力に帰属させようとする教育行政のありかたの結果，教員は常に恐怖や不安，大きなストレスを

抱き，その影響は精神的，身体的健康にも及んでいる。文部科学省が行っている「公立学校教職員の人事行政調査（2010年までは「教育職員に係る懲戒処分等の状況について」）の結果を見ると，精神疾患による分限処分として休職している教員の割合は増加し続けており，2002年度には，その他の病気による休職者数と逆転，2009年をピークにやや減少傾向はみられるものの，それでも2014年時点で公立学校教員の200人に1人が精神疾患により休職状態にある（図1.1）。さらに内訳を見ると，約75％は1年以上の休職，休職期間が6年を越える割合は10％にも上る。この数値は分限処分，すなわち**職務を遂行することが困難な状況であることを理由に本人の意思に関わらず休職させられている割合**であり，自主的に病気休職しているケースや，精神疾患を持ちながらも職務を継続しているケースは含まれていない。同様の数値を他の一般企業について見てみると，やや古い資料であるが，財団法人労務行政研究所が2010年に上場企業もしくは上場企業に匹敵する非上場企業を対象に行った調査では，メンタルヘルス不調のため1か月以上欠勤，休職している社員の割合は約0.45％，メンタルヘルス研究所発行「産業人のメンタルヘルス」によると約0.4％である。これと比較しても，教員の精神疾患による休職率

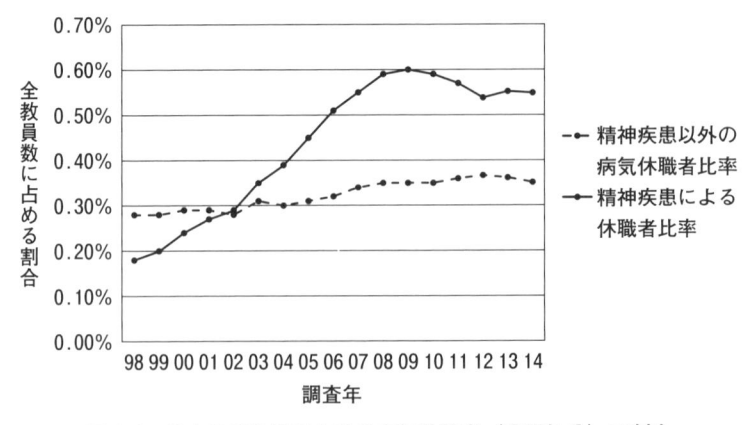

図1.1　公立学校教員における病気休職者（分限処分）の割合

は，一般企業に比べて高いことは否定できないだろう。

　実際に精神疾患に苦しむ教師に対して，医学的，心理学的な治療が必要であることは言うまでもない。メンタルヘルスは心理学における研究テーマの中心であり，職場におけるメンタルヘルス問題についても多くの研究，実践知見が蓄積されている。さらに近年では，行政レベルでも教師のメンタルヘルスへの関心が高まっており，様々な取り組みがなされ始めている。例えば文部科学省（2013）は『教職員のメンタルヘルス対策について』の最終まとめを発表し，予防的な取り組みが必要であることを明記したうえで，具体的な取り組みとして「セルフケアの促進」，「ラインによるケア（学校内組織構造の中でのケア）の充実」，「業務の縮減，効率化等」，「相談体制等の充実」「良好な職場環境・雰囲気の充実」を挙げている。これらの取り組みの必要性が叫ばれ，実際に実践されているにもかかわらず，それでもなお教員のメンタルヘルスの状況が好転しないのはなぜだろうか。

　精神疾患に対する介入方法の指針として，米国医学研究所（Institute of Medicine; IOM）は1994年に，通称，IOM モデルと呼ばれている，精神疾患やメンタルヘルスに対する介入の分類を提案している（Mrazek & Haggerty, 1994）。このモデルでは，介入の目的に沿って予防から治療，維持に至る連続体を設定している。さらに予防的介入については，すべての人を対象とする**普遍的予防**（universal prevention），メンタルヘルスの問題が発生しやすい社会的，生物学的リスクを持つ人を対象とする**選択的予防**（selective prevention），重篤な精神疾患の前兆となる心理的，行動的問題を呈している人を対象とする**指向的予防**（directive prevention）の３つに分類している。上述した，文部科学省が挙げた取り組み項目を IOM モデルの分類に当てはめてみると，『最終まとめ』の中で特にページが割かれ詳細な取り組み方法が記されている「セルフケアの促進」，「ラインによるケア（学校内組織構造の中でのケア）の充実」，「相談体制等の充実」は，指向的予防から早期の治療の領域に分類されるものである。「良好な職場環境・雰囲気の充実」は一見，普遍的予防

のようにも見えるが，内容を精査すると，産業医や精神科医を活用して相談しやすい職場環境を作るなど，早期の解決を図る治療的介入を意図していることが考えられる。そして『最終まとめ』のうち，起こりうる問題を未然に防ぐ普遍的予防に分類される取り組みは「業務の縮減，効率化等」のみであり，文面では予防的な取り組みの重視といいつつ，実際には「早期発見，早期治療の重視」という域を脱していない。そもそも文部科学省が予防的な取り組みを現場に求めることで，かえって学校での業務量が増えていくことにもつながりかねない。実効性のある教員のメンタルヘルス向上のための取り組みを考える際には，早期発見のシステム構築以前に，教員一人ひとりが活き活きと働くことができる職場環境づくりを，学校コミュニティ開発の視点から取り入れることが急務（落合，2003a）といえよう。

　こうした教員のメンタルヘルスの問題を背景として，本書の目的を次の2つとする。1つ目は，はじめに問題提起した教員のメンタルヘルス問題に対する予防的アプローチとして，理論的にどのような取り組みが考えられ，実際にどのような実践を行うことができるのかを検討することにある。すでに職業場面でのメンタルヘルス対策については，心理学の領域では理論的，実証的検討が豊富に蓄積されている。そのため実際上問題となるのは，これら理論や学術知見を，実効性のある取り組みとして現場で実践する際の方法論的課題である。つまり，現場で効果を発揮することに加え，取り組みが現場に定着し，専門家に依存することなく，現場の手によって持続的実践されるために必要な要素や方法は何か。この点について検討することが，本書の第2の目的となる。以上2つの目的に沿って検討を進めるにあたり，第2章では教員のメンタルヘルス問題を職務ストレスの観点から概観する。その中では特に教員のストレス反応として典型的であるバーンアウトに着目し，治療ではなく予防の観点からバーンアウト問題に対する取り組みの方向性について考える。続く第3章では，教員のバーンアウト予防する上で実効性のある取り組みを開発する上で重要となる，プログラム開発とプログラム評価の理

論について検討する。第2章，第3章での理論的検討を基に第4章から第8章では，筆者が共同研究者とともに行った公立小中学校教員のバーンアウト予防プロジェクトについて紹介する。ここでは，理論に立脚したプログラムの効果について検証するとともに，日本の心理学領域ではまだ研究途上にある，実際の現場で実効性があり，かつ持続的な実践を構築する際の課題について示唆を得ることが目的となる。第4章から第8章での実践研究を踏まえ第9章では，教員のバーンアウト問題の枠を超え，広く心理社会的問題を予防するプログラムを構築するにあたり，効果，持続性，定着性などの観点から考慮すべき点について，実践研究から得られた示唆を振り返っていく。

第2章　教員の職務ストレスとその予防

　人間生活におけるストレスを理解し，ストレスを取り除こうという試みは，心理学に限らず人間の心と行動に関わるあらゆる領域で，中心的課題となっている。第2章では，心理学におけるこれまでのストレス研究の知見を概観する。次にストレスの中でも特に職業場面で問題となる職務ストレスについて，主に社会心理学，組織心理学の観点から整理をしていく。最後に教員という職業で特に顕著なストレス問題であるバーンアウト（燃え尽き）について検討し，バーンアウトを予防するための介入を計画する際に有効な心理学的知見をまとめる。

第1節　ストレス研究の概観

　ストレスは，心理学やメンタルヘルスに関わる領域にとどまらず，人に関わる研究分野ではもっとも一般的で，関心を集めている研究テーマであることは言うまでもない。これはとりもなおさず，人の社会生活はストレスと無縁ではいられないことを反映している。

　一般社会でストレスとは「ストレスを感じる」のように人間の外側にあるもののように受け止められるケース，「ストレス解消」のように人間の中にあるものとして考えられるケースなど様々ある。もともとストレスという言葉は，材料力学において物体に外側から力を加えた際に物体の内部に生ずる抵抗力を意味する言葉として使われていた。例えばバネを縮めると，逆に伸びて元の形にもどろうとする力が生じる。この，バネを縮める力とも反発して伸びる力とも異なる，物体の中に生じている力を指す言葉がストレスである。

　こうした物理現象としてのストレスを生体に生じる現象の説明として最初に取り入れたのは，生理学者の Walter Canon といわれている。1920年代にCanon は，寒冷，運動，出血などの刺激が生体のホメオスタシス（生体恒常性）を乱し，生体に歪みを生じさせること，そして生じた歪みを回復させ生体の内部環境を一定に保とうとする反応が生じる過程を指摘し，ストレス刺激がストレス反応を生み出す過程を提唱した。また Canon は，生体の内部環境を一定に保つためには，ストレス刺激の種類に対応した適切な反応があると考えていた。これに対して生理学者の Hans Selye（1956）は，ストレス刺激の種類によらずに生じる非特異的な反応があること，またこの反応は少なくとも短期的には適応的に働くことに注目し，これを汎適応症候群と名付けた（Cohen, Kamarck, & Mermelstein, 1983）。またストレス現象を引き起こす原因となる外界からの刺激を指す言葉としてストレッサー（stressor）という造語を作りだしたのも Hans Selye だと言われている。

　生理学におけるこのようなストレス学説は1960年代に心理学に取り入れられた。例えば Appley & Trumbull（1967）は，環境にある出来事や状況が心理的不適応状態を引き起こす過程を心理的ストレスとしてとらえている。このように初期のストレス学説は，外界に存在する刺激と生体内部で生じる反応を想定し，どのようなものがストレス刺激すなわちストレッサーとなるのか，またストレッサーによってどのようなストレス反応が生じるのかという**刺激—反応モデル**として理解されていた。

　しかし，刺激—反応モデルとしてのストレスモデルの問題点はすぐに明らかとなった。例えば，同じような生活環境に置かれていても，ストレス反応を呈する人もいれば，ストレス反応を全く示さない人もおり，ストレス反応の強さや種類も人それぞれ異なっている。また刺激が反応に直結していることを想定したストレスモデルでは，ストレス反応を低減，消失させるためにはストレッサーを低減，消失させる以外に方法がない。しかしストレッサー，特に心理的ストレッサーを完全に無くすことが極めて困難であるにもかかわ

らず，一方で実際にストレス反応が低減，消失するケースがあるのも事実であり，刺激―反応モデルではこれを説明することはできない。このことから1970年代には，ストレス刺激とストレス反応を媒介する過程が想定されることになり，今日では，この**ストレス媒介モデル**が心理学におけるストレス理解の方向性として一般的になっている。

　初期の媒介モデルとして，McGrath（1970）のモデルが挙げられる。McGrath はストレスを，人が外界からの要求とそれに対する反応能力の不均衡を**認知し**，その外界からの要求に応えられなかったという結果が，人にとって重要なものと**認知**された時に生じるものと考えている。この定義にみられるように，ストレッサーとストレス反応との間に，個人ごとに異なる認知の違いを媒介要因として導入することで，同一ストレッサーに対するストレス反応の個人差や，ストレッサーが存在し続けるにも関わらずストレス反応が低減，消失するメカニズムを説明することが可能となる。

　また Lazarus & Folkman（1984）は，個人によって異なるストレス認知の要因をさらに発展させ，ストレスを「ある個人が持つ資源による対処可能性を超え，個人のウェルビーイングを脅かすと評価された，個人と環境との関係性」（p. 19）と定義した。Lazarus & Folkman（1984）は自身らのモデルを**認知―対処モデル**（図2.1）と呼び，人と環境との互恵的，双方的関係に注目している。つまり Lazarus & Folkman（1984）のストレスモデルでは，人は環境にあるストレッサーから無条件に影響を受ける存在ではなく，環境刺激を自身に対する脅威となるか否かを，主体的認知処理過程を通して判断するとともに，環境の中から脅威に対処する資源を獲得する積極的，主体的存在として捉えている。

　Lazarus（1966）は，個人が潜在的ストレッサーを主体的に処理する過程を**認知的評価**（cognitive appraisal）と呼び，評価を行う段階ごとに**一次評価**と**二次評価**の 2 つを想定している。一次評価とは，環境刺激を自身に対してストレス反応を引き起こしうるストレスフルなものか否かを評価する段階で

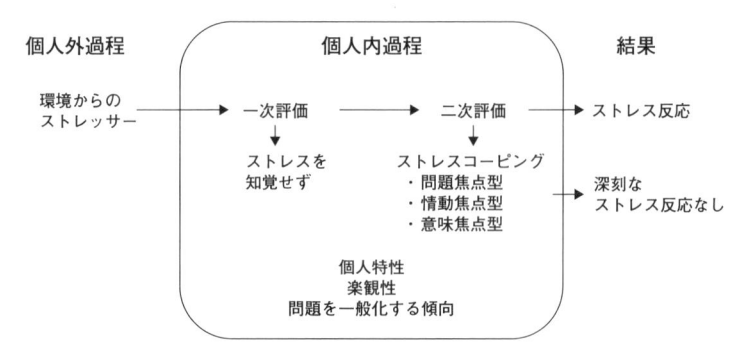

図2.1　Lazarus & Folkman のストレスモデル

ある。一次評価で環境をストレスフルと判断した場合，二次評価へと進む。
二次評価では，そのストレスフルな環境に対して自身が対処可能か否かを判
断する。具体的には，どのようなストレス・コーピングのスタイルを選ぶか
を考え，コーピングに必要な自身の能力や環境的資源が得られるかどうか判
断する。二次評価の結果，コーピングが可能となった場合にはストレス反応
は起きないが，コーピングが不可能と評価するとストレス反応が生じる。

　Lazarus & Folkman（1984）のモデルの第一の特徴は，ストレッサーとス
トレス反応との間の関係性における個人差を説明できることである。これに
加え，このモデルでは，人を，環境から一方的に影響を受けるだけでなく，
環境を自身のストレス・コーピングのための資源として積極的に活用する存
在としてとらえ，個人と環境との主体的相互作用を想定することで，ストレ
スに対するコーピング・スタイルの個人差を説明することもできる。こうし
たストレス理解における汎用性から，Lazarus & Folkman（1984）のモデル
は，ストレス研究の基礎となるモデルとなっている。

　また，個人と環境との主体的，積極的な相互作用過程を重視する Lazarus
& Folkman のモデルは，個人の適応・不適応を，人と環境との間のニーズ
と資源の不一致とし捉える**人－環境適合**（person-environment fit; P-E Fit,
French, Rodgers & Cobb, 1974）モデルとして理解することもできる。P-E Fit

のモデルから Lazarus & Folkman のモデルを見てみると，一次評価とは環境からのニーズを個人が満たすことができるかどうかの判断を意味しており，二次評価とは，ストレス対処に必要な個人のニーズを環境が資源として提供できるかどうかが対処可能性を決定する過程であると考えることができる。

職務ストレス

　ストレスと無縁の職場は存在しない。しかし，職場のストレスの原因となるストレッサーの種類や程度，ストレス反応の呈しかたには，職業ごとに特徴があるように感じる人もいるかもしれない。例えば，日々，火災や災害現場で働く消防士は，常にケガの可能性や時に命の危険を感じながら職務を遂行している。これに対して一般的な会社員は，身体的な危険を感じることは少ないが，取引先との関係，ビジネスの成否など精神的な負担は，消防士の身体的ダメージへの不安と変わりなく感じ続けている。1977年に Smith, Colligan & Hurrell は，アメリカ国立労働安全衛生研究所に蓄積された130の異なる職種，全22,000人の労働者の保険記録から，職種とストレスの関係を明らかにすることを試みている（Sulsky & Smith, 2007, p.83）。この分析から12の職種で，他職種と比較し非常に高い健康問題や致死率が明らかとなっている。Smith らの分析の中では，本書で取り上げる学校教員はリスクの高い職種としては挙げられていない。しかし Murphy（1991）が，同じくアメリカ国立労働安全衛生研究所が1978年に行った国民健康聞き取り調査（National Health Interview Survey）をもとに職種と心疾患との関連を分析したところ，学校教員もハイリスク職種として浮かびあがった。さらに Murphy（1991）は，危険な環境，他者への責任，情報交換の欠如，設備や機械などを取り扱うことといった職業的特徴と心疾患の罹患率とが関連しており，教師は，潜在的に特にストレス反応を呈しやすい職種であると述べている。これら職種とストレスとの関連についてはいまだ不明な点が数多く残されているものの，職種とストレスの量，質とには一定の関連があること，そして，

教師は最もストレスフルな職種の１つであることは「疑いの余地はない」
（Sulsky & Smith, 2007）だろう。

バーンアウト：教員の職務ストレスに特徴的な反応

　教員のストレス研究を概観すると，特徴的なストレッサーの存在が浮かび
上がってくる。例えば現代の学校教員は書類仕事，つまり児童・生徒に対し
て教育を行うという本来の職務の周辺領域での業務を多く抱え込んでいると
いう現状が指摘されている。また仕事量や仕事に費やす時間の多さに比べて，
適切かつ好意的な評価やフィードバックが行われているとも言い難い（Kyri-
acou & Sutcliffe, 1978; Phillips & Lee, 1980; Starnaman & Miller, 1992)。さらにア
メリカで行われた調査によると，特に都市部の学校に勤める教員は，児童・
生徒からの暴力のために負傷するのではないかという恐怖さえ抱えていると
いう（Dworkin, Haney, & Telschow, 1988; Phillips & Lee, 1980)。加えて教育の専
門家として正当に扱われないこと，例えば職務パフォーマンスを適切に反映
しにくい人事システム，職務における意思決定権の欠如，情緒的，知的刺激
を受ける機会が少ないといった点も，教員ストレスを考える上での特徴とい
えるだろう（Fimian & Fastenau, 1990)。日本では，学校教員は比較的ジェン
ダーの違いを意識することが少ない職業といわれており，職務ストレスとい
う観点で性別によるストレッサーの違いを示すデータは見られない。しかし
ストレス反応を見ると，性別だけでなく，年齢や地位などによって異なると
いう報告もある。

　またストレス反応について見てみると，教員だけでなく看護師や介護職な
ど，人を対象としてサービスを提供する対人サービス職全般にみられる傾向
として，バーンアウトに陥る傾向が高いことが指摘されている。こうした傾
向は，これまでのバーンアウト研究の多くが教師を含めた対人サービス職を
対象として行われていることからも読み取れるだろう（de Heus & Diekstra,
1999; Greenglass, Fiksenbaum, & Burke, 1995; 伊藤, 2000; 久富, 1995; 倉戸, 1999;

Maslach, 1999; 落合, 2003b; Russell, Altmaier, & Van Velzen, 1987; 八並・新井, 2001 など)。対人サービス職に共通する職務の特徴として，患者や生徒などサービス受給者からの重大かつ深刻なサービスニーズや，受給者からの依存に対して対応を求められるという点が挙げられる。看護，介護職を例に挙げると，サービスを提供しなければサービス受給者は深刻な困難に直面するが，同時にそのサービスは，生命に直結しうる失敗の許されないものである。教師が提供する教育というサービスは児童，生徒の生命に関わるものではないものの，現在の児童，生徒だけでなく彼らの将来を左右しうるという意味で，責任は重大である。また対人サービス職にみられる2つ目の特徴は，こうした重大な要求を常に満たすことができるとは限らないという点である。例えば治療や看護の甲斐なく患者が死亡するケースは珍しくないだろう。高齢者介護の現場では，熱心な介護を行ったとしても，最終的には高齢者の最期を見送ることになる。教師の場合であっても，いくら熱意を持った指導を行ったとしても，必ずしも児童，生徒が期待通りの成績を上げたり志望する進学先へ進んだりするとは限らず，また問題行動を抑制しようとしても完全に遂行することは不可能に近い。このようにサービスニーズを完全に満たすことができないため，対人サービス職は強い無力感を感じ情緒的に深く傷つくケースが多いことが研究からも明らかとなっている (Sulsky & Smith, 2007)。無力感や情緒的傷つきは情緒的側面でのストレス反応であるバーンアウトの引き金となるものであり，バーンアウトが対人サービス職に顕著に見られることも当然といえる。

　バーンアウト（燃え尽き）という言葉は元来，手の施しようのなくなった薬物乱用者を指す言葉として1960年代から用いられていたものである。今日的な意味，すなわちストレス反応の一種としてバーンアウトという言葉を初めて用いたのは，アメリカの心理学者 Herbert Freudenberger であると言われている。Freudenberger (1974) は，過酷な労働の結果として身体的，精神的に疲弊，消耗した人々の状態を指してバーンアウトと呼び，対人サー

ビス職に従事する人は高い理想を持って職務に専念する傾向が高く，バーンアウト状態に陥りやすいと述べている。このようにバーンアウト研究のごく初期の段階から，バーンアウトは対人サービス職の特徴と強く結びついていることが指摘されているのである。また Larson, Gilbertson & Powell（1978）は，パーソナリティ特性とバーンアウトとの関連を検討し，完璧主義傾向とバーンアウトとの関連を明らかにしている。

　心理学におけるストレス理論の中でバーンアウトをどのように位置づけることができるのか，これまで多くの研究がなされているが，いまだ統一した見解が得られているとは言い難い。しかし，様々なストレス反応の特徴がバーンアウト状態と類似していることや，バーンアウトに対する対処方略と一般的なストレス・コーピングの方法が共通していることなどが明らかとなっており，ストレス理論とバーンアウトとを無関係と考える研究者はほとんどいない。例えば Maslach & Schaufeli（1993）や荻野（1998）は，バーンアウトは慢性的，継続的なストレスの結果生じるものであること，またバーンアウト状態とその他のストレス反応の症状（例えば抑うつ状態）とを実証的に区別することは困難であり，介入を行う際にも積極的に区別をする必要性がないことを述べている。さらに荻野（1998）は，バーンアウトの理解を進めるためには，職業ごとに異なる特徴との関連を検討し，どのような特徴がバーンアウトを引き起こしやすいのかを明らかにするという方向性を提案している。一方で Carroll & White（1982）のように，バーンアウトと他のストレス反応とを，反応（症状）の重篤さで区別可能であるという考え方も提案されている。どのような考え方に立とうとも，バーンアウトも他の様々なストレス反応も，いずれも個人が外的，環境的な刺激，すなわちストレッサーに繰り返し慢性的に曝され，個人の対処能力の限界を超えた際に生起する状態であるという点では一致している。つまり研究上でも，ストレス研究とバーンアウト研究を別個のものとして行う必然性はないと考えられている（松井・野口，2006）。

　Freudenberger（1974）や Freudenberger & North（1986）などがバーンア
ウト概念を提案して以降，1980年代になるとバーンアウトを測定する尺度化
の研究が多くみられるようになった。中でも Maslach & Jackson（1981a;
1981b; 1982; 1984）による一連の研究から開発された **Maslach Burnout Inven-
tory（MBI）**は，今日でも広く活用されている尺度として知られている。
Maslach & Jackson（1981b）もまたバーンアウトを人と関わることの多い職
業に典型的にみられる状態と考え，1000人を越える対人専門職を対象とした
調査からこの尺度を作成している。MBI はバーンアウトを 3 つの側面，**①
情緒的消耗感，②脱人格化，③個人的達成感の減少，欠如**からとらえる尺度
となっている。①情緒的消耗感とは，身体的，精神的に極度の疲労感，消耗
感を感じ，その結果として日々の職務遂行が困難となるほどやる気を消失し
た状態である。②脱人格化は特に対人職に特徴的な状態であり，職務の対象
となる人（患者や児童・生徒など）に対して心理的に距離を置き，情緒的な結
びつきを失い，冷淡な態度を示す状態を指している。③個人的達成感の減少，
欠如とは，職務を成し遂げることに対して価値を見出すことが困難となり，
無力感を感じ自尊心を失った状態を意味している。
　これらのバーンアウトにこうした 3 側面があることは，多くの実証的研究
で繰り返し確認されている。なかでも情緒的消耗感がバーンアウトの中核的
概念であり（Maslach & Jackson, 1981b; Pick & Leiter, 1991; Rafferty, Lemkau,
Purdy, & Rudisill, 1986など），バーンアウト状態は情緒的消耗感の発現から始
まるということが，多くの研究から示されている（Leiter & Maslach, 1988;
Leiter, 1993）。またバーンアウト状態を経験すると，コーピング方略を活用
しようとする意志が失われることや，職務に対して満足感を得ることができ
なくなり職場や組織に対するコミットメントが低下したり，離職を考えるよ
うになることが指摘されている（Lee & Ashforth, 1996）。

第2節　バーンアウト予防に関わる要因

　これまで見てきたように，バーンアウトは働く人，個人にとどまる問題ではなく，職場組織全体に悪影響を及ぼしかねないものであるため，バーンアウト問題の解決，予防は職場における喫緊の課題といえるだろう。これまでのバーンアウト研究から，対人サービス職の職務の中でバーンアウトを引き起こす直接的で最も大きい要因は，形式的な書類仕事を継続することにあると言われている（Pines, 1982）。従って業務遂行システムの再構築や事務的作業を補助する人員の雇用によって対人専門職の労働者が書類仕事を行う必要性を減らすことが，最も直接的で有効なバーンアウト対策であると考えられる。しかし近年の社会経済状況を考えれば，さらなる労働者の雇用は現実的に実行可能な方策ではない。また職場システムレベルの変革には時間がかかるだけでなく，実際に行われる職場でのシステム変革は経済的な効率性を重視する方向に向かいがちであり，専門職に対する非専門業負担の軽減どころか，さらなる事務作業負担の増加を生む危険性すら考えられる。従って短期，中期的視点で見ると，マクロな制度，組織システムレベルへの介入よりも，個人や，個人を取り巻くよりミクロなレベルの環境をターゲットにした取り組みが，現実的であり実効性が高いといえよう。

心理社会的ストレスモデル

　バーンアウトを解決，予防する取り組みを考える上で，はじめに，**心理社会的ストレス予防モデル**（Dohrenwend, 1978 図2.2）を紹介する。このモデルは Lazarus & Folkman（1984）によるストレスモデルと類似しているが，Lazarus & Folkman のモデル以上に個人と環境との関係をより動的な相互作用関係としている。心理社会的ストレス予防モデルではストレス反応の生起を，人の心理的特徴と環境的要因との相互作用の結果としている。

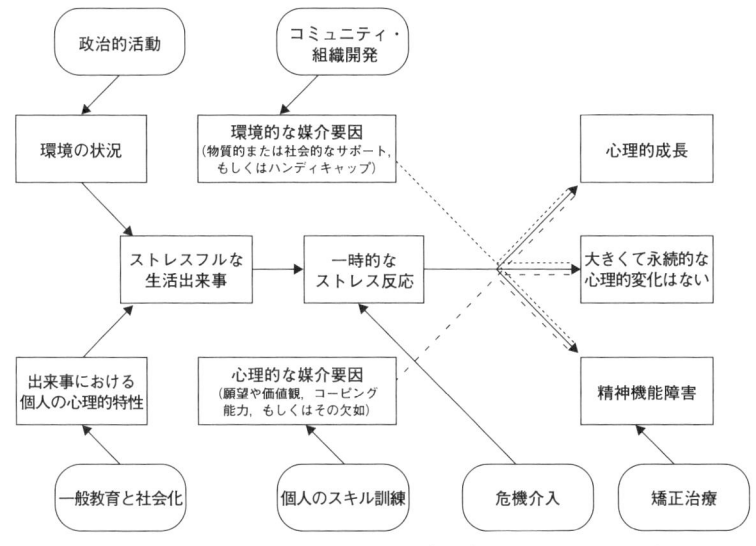

図 2.2　心理社会的ストレス・モデル（Dohrenwend, 1978）

Dohrenwend（1978）によると，個人のニーズや提供しうる資源が，環境か
らのニーズや提供しうる資源と対立したり不一致が明らかとなったりすると，
人は一時的にストレス反応を呈する状態に陥る。Dohrenwend のモデルの第
一の特徴は，この一時的ストレス反応は文字通り「一時的」であり，様々な
ストレッサーに対する正常な情緒的反応として当然起こるものであるととら
えている点にある。つまり一時的なストレス反応を，個人や環境に対してネ
ガティブな影響を及ぼす問題ではなく，人が自己内に有するストレスに対す
る処理過程として理解しているのである。

　Dohrenwend（1978）のモデルの第二の特徴として，ストレス過程を必ず
しもネガティブな影響を及ぼすものではなく，ポジティブな結果を生み出す
可能性を有しているものと考えている点が挙げられる。Caplan（1964）が述
べているように，心理的な危機状態は，精神的問題を引き起こす原因である
一方で，人を成長させる機会ともなりうる。Dohrenwend のモデルの中では，

一時的なストレス反応が，①それを乗り越えることで得られる心理的成長，②ストレス反応解消の結果としてその人にとっての本質的な元の状態に戻る（変化なし），③一時的なストレス反応を解消できる長期的な心理的，精神的問題を呈するという，3つの可能性が示されている。

　ここで一時的なストレス反応から生じうる3つの可能性のどれに至るのか，それを規定する要因として，Dohrenwend のモデルでは**心理的媒介要因**と**環境的媒介要因**の2つが示されている。心理的媒介要因とは個人レベルの変数であり，ストレスに対する脆弱性や回復力といった個人的特徴，その人が持つコーピング・スキルのバリエーションなどが例として挙げられる。例えばストレス耐性が強い人であれば，ストレス反応を解消するための新たなコーピング・スキルの獲得によって心理的成長が可能であろうし，ストレス耐性が弱い人であっても，その人が得意とするコーピング・スタイルが活用可能なストレッサーに対しては元の状態へと回復しうる可能性が考えられる。一方，環境的媒介要因とは一時的なストレス反応を呈している人が置かれている環境的状況，利用可能な社会的資源，サポートネットワークなどを意味している。例えば，失業という出来事によって一時的なストレス反応を呈している人を考えてみると，もしも社会の経済状態が劣悪であった場合，たとえ個人の頑健性が高く豊かなコーピング・スキルを有していたとしても，ストレス反応からの回復は困難であると考えられる。

　Dohrenwend のモデルが持つ第三の特徴として，各プロセスや要素に対応した介入手法を提案している点が挙げられる。例えば，長期的な心理的，精神的問題を呈した場合には従来の精神医学，臨床心理学的な治療的な介入が必要となるが，それ以前に環境的媒介要因を向上させるためのコミュニティ・組織開発，ストレスフルな出来事の要因となる環境的状況（例えば不況など）に対する政治的活動など，従来の個人志向の治療的アプローチから，集団，コミュニティを志向する予防的アプローチまで，様々な介入の指針が1つのモデルの中に包括的に統合されている。

　このモデルの利点として Levine, Perkins, & Perkins（2005）は次の3つを挙げている。第一に一時的なストレス反応と治療的な介入が必要な心理，精神的問題との結合をモデルの中に描いている点である。つまりストレス反応を，診断や疾患という次元以前でとらえることが可能となるのである。このことから第二の点として，治療的介入が必要となる以前に予防的に介入する可能性を検討することが可能となる。これはこのモデルが時間経過の軸を組み込んでいることも影響しているだろう。第三に，個人レベルと環境レベル双方の介入指針が盛り込まれているため，多様かつ多角的な介入の目的，手段，方法を検討するベースとなる点が挙げられる。つまり治療や予防だけでなく，人とコミュニティの成長，発展までをも統合的に見通すことが可能になるのである。

個人レベル，環境レベルでの予防方程式

　では Dohrenwend（1978）の心理社会的ストレスモデルに基づいた予防的な介入方略を考える上で，具体的にどのような要素に対して介入を行えばよいのであろうか。この点について，ここでは予防方程式という概念から考えてみる。

　予防的介入の対象要素を検討する上で Albee（1982）や Elias（1987）は，**リスク要因**と**保護要因**からなるモデルを提案している（表2.1）。リスク要因とは，心理社会的問題が発生する可能性を高める個人レベル，環境レベルの要因と定義される（Kloos, Hill, Thomas, Wandersman, Elias, & Dalton, 2012）。リスク要因とは，必ずしも心理社会的問題の原因や引き金であるとは限らない。問題の悪化や重篤化，長期化をもたらす要因もまた，リスク要因である。反対に保護要因とは，心理社会的な問題が発生する可能性を低める個人レベル，環境レベルの要因と定義することができる。リスク要因と同様，問題解決に直接作用する要因に限らず，問題発生要因（リスク要因）の影響を低める作用を持つものも保護要因となる。

表 2.1　個人レベル，環境レベルの予防方程式（Kloos et al., 2012, p. 299）

個人レベル（Albee, 1982）

$$\text{個人の心理的障害の発生率} = \frac{\text{ストレス(1)}+\text{身体的脆弱性(2)}}{\text{コーピング・スキル(3)}+\text{ソーシャル・サポート(4)}+\text{自尊感情(5)}}$$

想定される介入の方向性
1. ストレスマネジメント
2. 身体的／生物学的脆弱性による悪影響の低減
3. コーピング・スキル，問題解決／意思決定能力，ソーシャル・スキルの向上
4. 知覚されるサポートの向上
5. 自尊心，自己効力感の向上

環境レベル（Elias, 1987）

$$\text{母集団における障害の発生率} = \frac{\text{ストレッサー(6)}+\text{環境中のリスク要因(7)}}{\text{社会化の実現(8)}+\text{ソーシャル・サポート資源(9)}+\text{つながりの機会(10)}}$$

想定される介入の方向性
6. 特に重要な社会的場面，環境の中のストレッサーの減少
7. 身体的／生物学的脆弱性を高める環境中のリスク要因の減少
8. 特に重要な社会的場面における社会化の促進
9. 入手可能なソーシャル・サポート源の開発
10. 他者や集団，組織とのよりよいつながりの機会の増加

　Albee（1982）は，個人レベルでのリスク要因と保護要因との相互作用と，その結果として生じる個人レベルでの問題発生との関係を，分数を用いた数式で表現している。この数式では，分母に保護要因，分子にリスク要因を導入し，保護要因が大きくなればなるほど，あるいはリスク要因が小さくなればなるほど，問題が発生する可能性が小さくなることが表現されている。これに加え Albee（1982）は，リスク要因，保護要因の，それぞれ個別の要素に対して，介入の指針を提案している。さらに Elias（1987）は，Albee（1982）の個人レベルの予防方程式をコミュニティレベルへ拡張し，コミュニティにおける問題の発生の可能性を規定するコミュニティレベルでのリスク要因，保護要因を挙げている。ここで注目したいのは，Albee（1982）による個人レベルの予防方程式と，Elias（1987）による環境レベルの予防方程式とは，独立した別個のものではなく，それぞれ対応関係にあるという点である。例

えば，個人レベルのリスク要因の1つであるストレスは，コミュニティレベルでは環境からのストレッサーというリスク要因に，個人レベルの保護要因であるコーピング・スキルは，コミュニティレベルでは社会的な発達を促す実践と，それぞれ対応関係にあることがわかるだろう。

　ここまで Dohrenwend（1978）による心理社会的ストレスモデルと，Albee（1982），Elias（1987）による個人レベル，環境レベルでの予防方程式を概観してきた。これらのモデルはいずれも，ストレスという現象を理解し，解決，予防を進めるためには，個人レベルの変数と環境レベルの変数，双方を考慮し働きかけることの重要性を示している。つまりバーンアウトを含めたストレスの予防を目指す実践的なプログラムを開発するためには，ストレス耐性や回復力，コーピング・スキルの開発など個人レベルを対象とした介入と，組織，コミュニティ開発など環境要因へ働きかける介入，両方の可能性を検討することが必要であると言える。

ストレス・コーピングの方略

　ストレスに関わる個人レベルの変数については，パーソナリティ特性，ストレス耐性，統制感，タイプA行動パターン，自尊心など，これまで数多くの研究がなされている（Cohen & Edwards, 1989）。中でもストレス・コーピングの方法については，Lazarus & Folkman（1984）のモデルでは二次評価に関わる要因として，Dohrenwend（1978）のモデルでは一時的なストレス反応がその後，どのような結末に至るかを決定する個人レベルの要因として，さらには Albee（1982）の個人レベルの予防方程式では問題発生の可能性を低める保護要因として，いずれでも取り上げられている重要な変数であり，バーンアウトの生起や予防へ至る過程を考える上でも，重要な要素であることは間違いないだろう。

　Lazarus & Folkman（1984）は，コーピングを「ある個人の資源に負荷を負わせる，ないし資源を超えると評価された特定の外的，内的要求に対して，

それらに対処しようとする常に変化し続ける認知的，行動的努力」(Lazarus & Folkman, 1984, p. 141) と定義し，**問題焦点型，情動焦点型**の二種類のコーピング方略を提案している。問題焦点型コーピングとは，ストレッサーとなっている人と環境との関係性を変えようと行動を計画し実行することを指し，情動焦点型コーピングとは，ストレッサーそのものに対して働きかけるのではなく，ストレッサーによって引き起こされた情動を制御しようとする方略を意味する。その後，Folkman & Moskowitz (2004) は，個人に対するストレッサーの別の意味を見出し，再評価を行おうとする**意味焦点型**コーピングも提案している。こうしたコーピングの分類はコーピングの努力の末に到達する結果に基づいたものであり，観察される実際の行動の分類ではないことに留意したい。すなわち実際の行動としては，直接的行為，行為の抑制，情報収集，認知的反応などがあり，これらの行動はいずれの種類のコーピング方略でも使用されうるのである。

コーピングによってもたらされる影響について見てみると，問題焦点型コーピングは身体的，精神的健康に良い影響を与えている (Amirkhan, 1990; Endler & Parker, 1990; 久保・田尾, 1996) のに対して，情動焦点型コーピングはこれらに影響を及ぼさないか，むしろネガティブな影響を及ぼしているとする研究も多い (Endler & Parker, 1990; 久保・田尾, 1996)。また個人のコーピングに依存したバーンアウト対処方略は，予防の観点から問題が残る。第一に，久保・田尾 (1996) が指摘しているように，意味焦点型コーピングはストレッサーとなる事象に対する認知を変更する方法であり，その事象自体は何ら変化させない。言い換えれば，意味焦点型コーピングはストレッサーとなっている問題の解決を先送りにするだけで，近い将来，同様のストレッサーが発生し，再び対処に取り組む必要が生じる可能性が残る。同じことは，ストレッサーによって引き起こされた情動の制御を行う情動焦点型コーピングについても同様のことが言えるだろう。第二に，直面する課題の解決に取り組もうとする問題焦点型コーピングを選択する人の多くは，真面目で高い

理想や向上心を持つ人であることが多い（久保・田尾，1996）。この特性は，対人サービス職に就く人に多く見られるものであると同時に，こうした特性を持つ人ほどバーンアウトに陥りやすいことはすでに述べたとおりである。第三に，Lazarus & Folkman（1984）のモデルにあるように，コーピングとは個人と環境それぞれの特性によって多様な過程を経るものであり，1つのストレッサーに対しても，対処の過程でその都度，異なる種類のコーピング方略が用いられる。例えばストレッサーとなる問題事象に対して，問題解決志向で取り組むために，一時的に生じたストレス反応を情緒的に解消し前向きな姿勢を取り戻す過程が必要な環境的状況，個人の特性が考えられる。つまり一般に文献でコーピング"スタイル"という言葉で表されることで，「Aさんのスタイルは情動焦点型，Bさんのスタイルは問題焦点型」のように，特定の個人と特定のコーピング・スタイルが対応するかのような印象を持つが，実際には，「その人」が「その時，その場」で「そのストレッサー」に対してどのようなコーピング・スタイルを選択するかは，個人と環境との関係性の中で動的に選択，決定されていくのである。つまり実際的なバーンアウト予防方略を考える上で，「あるべきコーピング・スタイル」を論ずることは，バーンアウト予防の成否を個人の問題に帰属させることとなり，バーンアウトという問題を抱える犠牲者を責める（blaming the victim; Ryan, 1976）にほかならない。

バーンアウト予防に対するコミュニティレベルの資源

　では，ある人が「その時，その場」でどのようなコーピング・スタイルを選択するかを決める要因として，どのようなものがあるのだろうか。コーピング・スタイル選択における個人と環境との相互作用の観点から Kloos, Hill, Thomas, Wandersman, Elias & Dalton（2012）は，コーピングにおける3つの資源を提示している。1つ目は，情緒や動機づけ，認知など，対人プロセスにおける自己制御スキルを含む，**社会的情緒的コンピテンス**である

(Goleman, 1995)。社会的情緒的コンピテンス自体は個人の特性として存在するものであり，どのようなコンピテンスをどの程度有しているかによって，人が適切で十分な環境資源を探し，選択し，活用することができるかどうかが左右される。このことから，今日の心理学におけるストレス予防プログラムでは，個人のコンピテンスを開発することを目指して設計されているものが多い（Weissberg, Kumpfer, & Seligman, 2003）。コンピテンスを身につけ活用するスキルを学ぶことで，自身が置かれている環境にある様々な資源を効果的に利用することができるようになるのである。

　2つ目は，人の周囲に存在する**物質的，社会的資源**である。例えば金銭，雇用，衣食住，移動などに必要な資源が十分に確保されていれば，物的に，そして時間的，精神的にストレスに対処する余裕が生まれる。逆にこうした物的，社会的資源の欠如は，それ自体がストレッサーになるものである。バーンアウト予防プログラムを考える上で物的，社会的資源の問題に取り組む際には，1つ目に挙げた社会的情緒的コンピテンスを獲得し，資源を利用する能力を身につけることが有効であるが，それだけでは不十分なことも多い。なぜならば，ある物的，社会的資源が存在しているにもかかわらず，別の物的，社会的資源が欠如しているために，必要とする人が入手することができないという事態が生じうるからである。例えば，経済的困窮に対して手厚い支援策が用意されていたとしても，その支援を得るための申請をする窓口までの移動手段が確保されていなければ，支援自体を受けることができない。

　また物的，社会的資源は，3つ目の領域である**文化的，精神的資源**へのアクセスを容易にするものでもある。文化的，精神的資源が提供される典型的な場面として葬儀の儀式がある。葬儀の儀式は，その人が属する文化的伝統や宗教的思想を色濃く反映するものである。葬儀の儀式は，その人が属する文化や宗教コミュニティにおいて，身近な人との死別に対してどのように向き合い克服すればよいのか，指針を示す役割を果たしている。同時に，葬祭の中で他の人と関わることで，自分は社会の中に生きる存在であることを再

確認し，必要なサポートを得ることができる。このように文化的，精神的資源は，生きている中で出会うストレッサーに対する対処方法の指針を与え，人間関係から支援を得ることが可能であることを思い起こさせ，実際に支援の交換を促進する機能を有している。

　ここまでの議論から，個人のコーピング・スタイルの決定は社会的・環境的文脈に依存しており，より"賢い"コーピング・スタイルの選択は個人と環境との相互作用の結果として成立するものであるといえる。また，ストレスを回避あるいは克服するために自らが持つ身体的，心理的資産を最大限に活用するためには，個人の資産を増やし活用能力を高めるだけでなく，活用しやすい環境づくりにも取り組むべきことも明らかである。こうしたストレス反応を低減させるうえで重要な環境レベルでの要因の代表なものとして，Dohrenwend（1978）のモデルでは，物質的な資源の有無などとともに，ソーシャルサポートとエンパワーメントが挙げられている。ソーシャルサポートとエンパワーメントは，ストレスに関わる問題に限らず様々な心理・社会的問題の予防を目指す上での基本となる概念であり，多くの予防実践に取り入れられている変数でもある。ここでは，ソーシャルサポートとエンパワーメントの基本的な概念を整理し，教員ストレスへの応用方法について検討する。

ソーシャルサポート

　ソーシャルサポートの概念の祖の一人は，精神科医，コミュニティ心理学者であり *Principles of Preventive Psychiatry*（1964）を著したことでも知られる G. Caplan と言われている。これまでのソーシャルサポート研究の多くは「ソーシャルサポートは人の様々なウェルビーイングを高める効果はあるのか」「どのような仕組みでその効果が発揮されるのか」をテーマとしており，ストレス研究と密接に関わる概念といえる。数多くの研究で，極めてストレスフルな環境に置かれていても，十分なサポート経験を有する人は，ス

トレス反応による心身の不調や疾患を経験する可能性が低いという研究結果を報告しており（Dalton, Elias, & Wandersman, 2007），バーンアウト予防を考える上でソーシャルサポートは重要な概念の1つであることは明白である。

　一方で，ソーシャルサポートは複雑な影響過程を内包する概念でもある。ソーシャルサポート研究では大きく，①人がどこからサポートを得るのか，つまりサポートを提供する人，組織，コミュニティなどのサポート源について検討する側面，②サポートを機能に基づいて要素に分類する側面，③サポートが提供される前段階から提供されるまでの段階を捉える側面の，3つから検討が行われている。いずれもソーシャルサポートを操作的に測定可能な概念として定義し研究に供する上で欠かせない視点である。しかし3つの側面がそれぞれ相互に関連しているため，研究可能な心理学的変数としてとらえることは容易ではない。

　1つ目のサポート源とは，人がどこからサポートを得るのかという視点である。代表的なサポート源としては家族や友人などであるが，物質的支援（金銭等）を組織から得る場合もある。サポート源に関する実証研究を困難なものとしている原因の1つとして，一般に人は複数のサポート源を有しており，ストレッサーの種類に関係なく，求めるサポート内容に応じてサポート源を選んでいる点が挙げられる。例えば尾見（1999）は，小学生では両親からのサポートが中心であるのに対して，中学生以降は対人関係の広まりに従って友人関係からのサポートの占める地位が高まることを指摘している。また欧米での研究では聖職者や宗教コミュニティを重要なサポート源として挙げているが，日本の研究ではこうした宗教や精神性に関わるサポート源を想定することはほとんどない。教員のサポート源についての研究としては，同僚やスクールカウンセラーなどの役割に加え，迫田・田中・淵上（2004）は校長からのサポートの効果について紹介している。このように，ある人のサポート源としては様々な人や組織，集団との関わりについて想定しなければならない一方で，研究という文脈では，一人の人を取り巻く多種多様，膨大

なサポート源を網羅することは困難であり，限られた特定のサポート源の効果にのみ焦点を絞った研究とならざるを得ない。

　2つ目のソーシャルサポートの機能についての研究では，これまでに探索的因子分析，確認的因子分析，クラスター分析など様々な方法で分類が試みられており，多くの研究で類似した機能分類が抽出されている。例えば Barrera & Ainlay（1983）は，指示的助言（アドバイス），非指示的支援（情緒的サポート），ポジティブな社会的相互作用，具体的な援助（物質的，身体的援助）の4つの要素を抽出している。その他の研究でも，情緒的サポート，助言，具体的援助などの要素が抽出されている（e.g., Caldwell & Reinhart, 1988; McCormick, Siegert, & Walkey, 1987; Tetzloff & Barrera, 1987）。橋本（2005）はソーシャルサポートの機能面での分類に関する研究をレビューし，大きく**道具的サポート**と**情緒的サポート**の2つがあると述べている。道具的サポートには①物質的な援助（必要な物や金銭の供与など），②行動的な援助（働く母親のために子どもの面倒を見ることなど），③情報的な援助（問題解決に役立つアドバイスなど）が含まれている。一方で情緒的サポートには①情緒的援助（応援や共感，信頼など），②好意的評価（ある人の行動が適切で妥当であることを承認することなど），③ポジティブな社会的相互作用（余暇の時間をともに楽しんだりすることなど）が含まれている。

　ソーシャルサポート研究の3つ目の側面は，サポートが授受される以前の関係性から，実際に授受されるまでの各段階を捉える視点である。第一の次元は**社会的包含**（social embeddedness）と呼ばれる。社会的包含とは，ある人がサポートを入手可能な社会的関係性の中に包含されているかどうか，すなわちどのような「人はどのような社会的ネットワークの中に存在しているのか」というのが中心的な疑問となる。典型的には，ある人にとってサポートを入手することができる人が何人おり，その人々とはどのような社会的関係性にあるかを検討するものである。第二の次元は，**知覚されたソーシャルサポート**（perceived social support）と呼ばれる。知覚されたサポートとは，

ある人が望んだ時に適切なサポートが得られるだろうという期待を指す概念である。第三の次元は**実行されたソーシャルサポート**（enacted support）と呼ばれ，実際にやり取りされたサポートを指す。これら3つの側面に加え，周（1994）は**サポート希求**の側面について述べている。サポート希求とは，内容，質，量の点でどのようなサポートを求めているのかを意味するものであるが，ソーシャルサポートの最適合理論（optimal match theory）では，希求しているものと合致するサポートを得ることが，ストレス緩和に効果を発揮すると言われている。山口・遠藤・小林・藤田（2009）は最適合理論の観点から，ソーシャルサポートの満足度とストレスとの関係について検討している。

　これらのソーシャルサポートの次元が相互にどのような関係にあるのかは，一貫した結論は得られていない。例えば Wethington & Kessler（1986）は知覚されたサポートと実行されたサポートとの関連を検討したところ，ごく弱い相関しか見いだせなかったと述べている。また Power, Champion, & Aris（1988）は，人々のサポート希求に比べ，実際に実行されたサポートは常に低かったという報告をしている。さらに Barrera（1986）は社会的包含，知覚されたサポート，実行されたサポートの間の相関に関する研究をレビューした結果，それぞれの間はほぼ無関係という結論を得ている。このような結果が報告されている一方で，日本に住む中国人を対象に研究を行った周（1994）は，①サポート希求と知覚されたサポートの間には強い相関があること，②サポート希求と知覚されたサポートとの間には量的に大きな隔たりがあるが，サポート希求と実行されたサポートとの間の量的な差はストレスフルな状況の性質（対人葛藤，社会適応など）によって様々であること，③知覚されたサポートと実行されたサポートとの間には差がないことという3点を報告している。これらの結果をまとめ，周（1994）は，サポート希求は，ソーシャルサポートの他の側面とは無関係であると述べている。

　このように，ソーシャルサポートの諸側面の間にどのような関係があるの

か，未だに議論が続いており，一貫した結論が得られているとは言えない。また現時点では，異なる尺度で測定されるソーシャルサポートの様々な側面を単一の心理学的構成概念とすることはできない。しかしそれぞれの側面は，他の外的要因の影響を受けつつ，相互にダイナミックに関連していると言えよう (Sandler, Braver, & Gensheimer, 2000)。また興味深いことに，「サポートを受けられると思える社会的関係の中にあると認識しているが，まだ実際にサポートを受けていない人」の方が，「実際に他者からのサポートを受けている人」よりもストレス反応を示す程度が低いという報告がなされている (Barrera, 2000)。このように，一般的な直感と異なる傾向がデータから示されることから，ソーシャルサポートとストレスとの関係は単純なものではなく，環境の中にあるストレッサーがストレス反応という形に変換される過程に対して，ソーシャルサポートが影響していると考えるのが妥当といえる。

　このような，ソーシャルサポートがストレス反応を低減させる過程については，**直接効果**と**緩衝効果**の2つの側面から捉えるのが主流となっている。直接効果とは，環境からのストレッサーの程度に関わらず，ストレスによる個別の悪影響を低減，もしくは予防する効果を意味する。これまでに多くの研究が，ソーシャルサポートが人のウェルビーイングに対して直接的に効果を与えているという結果を報告している (Bell, LeRoy, & Stephenson, 1982; Lin, 1986; Tetzloff & Barrera, 1987; Williams, Ware, & Donald, 1981)。ソーシャルサポートがストレスに対して直接働くメカニズムについて Thoits (1983) は，次のように説明している。まず適切なソーシャルサポートが提供されることで，人は社会的ネットワークに包含されているという感覚を得て安心することができる。さらに社会的なつながりの感覚は社会において自分には役割があり，必要とされているという意識をもたらす。その結果，社会における自己のアイデンティティを感じることがウェルビーイングにつながると考えられる。

　一方，ソーシャルサポートがストレスフルな出来事の発生を予防するという説も提示されている (Gore, 1981; House, 1981; LaRocco, House, & French, 1980)。

この説に対する説明には二通りある。まず，ソーシャルサポートには，人が
ストレスを被りやすい状況に陥ることを防ぐ効果があると考えられる。人を
取り巻くサポート源が道具的サポートを提供することで，ストレスに直面す
る可能性が低下するのである。例えば，ある人が職を失った時，他者が金銭
的支援を提供することで，経済的困難を回避することができる。あるいはコ
ミュニティの資源に恵まれている人は，様々な困難に対する支援を得ること
で，さらなるストレスに直面する可能性が低下する。第2の説明は，
Lazarus & Folkman（1984）のモデルにおける一次評価，すなわち人が目の
前の環境をその人にとってストレスフルかどうかを判断する過程に関わって
いる。たとえストレスとなりうる状況に直面しても，十分なサポートが得ら
れることを確信しているならば，楽観的に状況を判断することができるよう
になるだろう。こうした一次評価に関わるストレス反応低減の効果は，特に
休職，退職のような行動的ストレス反応の抑制効果が高いと言われている
（Beehr, King, & King, 1990; LaRocco, House, & French, 1980; Parkes, Mendham, &
von Rabenau, 1994）。しかし，抑うつや不安，あるいは身体的愁訴などに対し
ては，直接効果はあまり見られないとする研究が多く，本書で取り上げてい
るバーンアウトのような心理的ストレス反応に対しては，緩衝効果の影響の
方が強いと言われている（Cohen & Wills, 1985; Parkes, Mendham, & von Ra-
benau, 1994）。

　緩衝効果は，ストレスとソーシャルサポートの相互作用の中で生じるもの
と考えられている（Broadhead et al., 1983; Cohen & Wills, 1985; Kessler, Price, &
Wortman, 1985; Leavy, 1983; Mitchell, Billings, & Moos, 1982; Schradle & Dougher,
1985; Thoits, 1982; Wallston, Alagna, DeVellis, & DeVellis, 1983）。ストレッサーが
低い状況下にある人に対しては，ソーシャルサポートの量が多くても少なく
ても，サポートによってストレス反応を予防することができるだろう。一方
で，高いストレス状態に置かれている人にとっては，より多くのサポートを
受けた方が，ストレス反応も弱まりやすいと考えるのは自然なことであり，

サポート量とストレス反応の強さとの相関が高くなることが予想される。Cohen & Wills（1985）は，ストレス反応に対する緩衝効果について，Lazarus & Folkman（1984）のストレスモデルを用いて説明している。まず一次評価の段階では，知覚的サポートが高いつまり十分なサポートが期待できるにとっては，ストレッサーがそれほど深刻なものと評価されない。しかし，十分なサポートが期待できない人にとっては，同様のストレッサーも脅威となりうるため，二次評価の段階へと進む。二次評価の段階では，実行されたサポートすなわち実際にサポートが提供されるかどうかが重要となってくる。実際にサポートが提供された場合，晒されたストレッサーを克服することが可能となるため，深刻な心理的ストレス反応を呈することはないだろう。一方で，サポートが提供されなかった場合，ストレスを克服するために必要な資源が得られないため，より重篤な心理的反応を示すと考えられる。この説により，「高いストレス状態にある人に対してのほうが，ソーシャルサポートの効果がより強く見られる」という現象を説明することができる。

　ここで，知覚的サポート，つまり必要な時にはサポートが得られるであろうという信念を高めることは，それほど難しくない。「自分は社会的な関わりや構造の中にあるのだ」ということを認識できればよいのである。しかし，実際にサポートが実行されるかどうかについては，また別の問題が生じる。必要なときにはサポートが得られるという信念がどれだけ強かったとしても，実際にサポートへ向けた行動が起こるかどうかを決めるのはサポートを提供する側であり，ストレス状況に置かれた人自身ではない。さらに問題なのは，より質の高い多くのサポートが必要となるような重大なストレス状況にあるときこそ，質の高いサポートを提供することが困難となり，サポートを求める人が必要としている質と量に達しづらい。最適合理論（Cutrona, 1990; 山口・遠藤・小林・藤田, 2009）によれば，たとえサポートが提供されたとしてもストレス状態に直面している人が求める質と量に達しなければ，サポートによるストレス反応の予防，低減効果はないと考えられる。ストレッサーを

克服するために個人が必要としているサポートと，提供されるサポートが一致することで初めて，サポートによる緩衝効果が生起するのである（Cohen & Hoberman, 1983）。

他方，Rook（1987）は，サポートを受ける側と提供する側の関係性の観点から，ソーシャルサポートの互恵性理論を提示している。最適合理論ではサポートを受ける側の人のみに注目し，その人のサポート・ニーズと受けるサポートとのバランスを問題にしていたのに対して，互恵性理論では人は常にサポートを受ける立場であると同時にサポート提供者とみなされ，自分が他者から受け取っているサポートと自分が他者に提供しているサポートのバランスが重要となってくる。互恵性理論に基づくと，他者とのサポート授受関係でバランスがとれていることがストレス反応の低減に効果があるのに対して，バランスが取れていない場合，それが他者への提供のほうが多くても，あるいは他者からの提供のほうが多くても，メンタルヘルスに悪影響を及ぼすとされている。Buunk, Doosje, Jans, & Hopstaken（1993）や周・深田（1996）など，互恵性理論を支持する研究結果も，これまで繰り返し報告されている。

ここまで見てきたように，ストレス反応に対してソーシャルサポートがどのようなメカニズムによって影響を及ぼしているのか，確実な説明はいまだ得られていない。しかし，ソーシャルサポートがストレス反応の低減，予防に対して，ポジティブな効果を発揮することは間違いない。効果を発揮するためには一定の条件を満たす必要があったり，条件を満たしていない場合，ネガティブな影響を与える可能性（Rook, 1984; 菅沼・浦, 1997など）も指摘されているが，ストレス反応の低減，予防の効果を上回るほどのものでない。またソーシャルサポートがストレス反応の低減，予防の効果を発揮するためには実際のサポートが提供されること，すなわち実行されたサポートは必ずしも必要ではない。それよりもむしろ，ストレッサーに見舞われている人が，「自分は社会的な関係の中に存在している」ことを感じ，その社会的な関係

から「必要なときには，サポートを得ることができる」という信念を持つことが重要といえる。

　ソーシャルサポートは，職業場面における休職，退職などの外的に観察可能な行動として現れるストレス反応や，身体的な不調，不安や抑うつなどメンタルヘルス面での不調など，様々な形で見られるストレス反応の予防，低減に対して効果を発揮する。従って職務ストレスに関わる問題，特に本書で取り上げているバーンアウト解決，予防を職場コミュニティへの介入によって低減，予防することを考える場合，実践フィールドの中で具体的にどのようにしてサポートを提供しあう関係性を構築するか，またサポートの授受を促進する職場環境を作り上げるかが課題となる。

エンパワーメント

　エンパワーメントという言葉がコミュニティ心理学の学術用語として初めて登場したのは1981年に刊行された *American Journal of Community Psychology* に掲載された Julian Rappaport による論文 "*In praise of paradox: A social policy of empowerment over prevention.*" と言われている。この中で Rappaport はエンパワーメントを，「人々が，自身の生活を統制する可能性を高めるプロセス」(p. 15) と定義している。この定義を見ると，コミュニティにおける人のウェルビーイングの実現を目指す上でエンパワーメントが重要であることが理解できる一方で，概念が指し示す領域が広く定義が曖昧であることも否めない。そのため，エンパワーメントは多様な理解のもと，あらゆる政策的過程に適用されることとなり (Perkins, 1995)，心理学者，社会学者，政治家，コミュニティの誰もが使う「流行語」と揶揄されることもある (Dalton, Elias, & Wandersman, 2007, p. 403)。この傾向はアメリカに限ったことではなく，日本でもエンパワーメントが様々な専門領域や立場から独自に理解され，「利用」されているというのが現状である。こうした状況に対して Riger (1993) は，エンパワーメントの定義として，誰もが理解，

納得し，共有できるものは見出されておらず，社会科学の諸領域ごとに，さらには特定の領域内でも多様な定義のもとに用いられていると批判している。Riger による批判以降，アメリカのコミュニティでは，様々な視点からエンパワーメントの概念定義の精緻化へ向けた取り組みが行われ，現時点では，Cornell Empowerment Group が1989年に提示した下記の定義がコミュニティ心理学の他の理論や実践に照らし最も適切なものとして，受け入れられている。

> エンパワーメントは，相互の尊重，批判的思考，配慮，集団への参加に基づく，コミュニティにおける計画的かつ継続的な過程であり，それによって，それまで価値ある資源の平等な分配を得ていなかった人々が，資源に対するアクセスと統制を得ることを目指している（Perkins & Zimmerman, 1995, p. 570; Wiley & Rappaport, 2000, p. 62より引用）。

　この定義は，人々が**エンパワーする過程**（empowering process）と，**エンパワーした結果**（empowered outcome）を区別し，両者を包括する概念としてエンパワーメントを捉えていることが特徴である。そもそもエンパワーメントの概念が誕生する以前は，様々な援助やサービスを必要としている人々は自らの生活をコントロールする力を持たない弱者であるという前提が存在していた。Rappaport（1981）はこの前提を覆し，こうした人々を"生まれながらに発揮すべき力（パワー）を持っており，自らの問題を自らの力で解決し，自らの生活をコントロールすることが可能である"が，"環境的，社会的障壁のために力の発揮を阻害されている状態にある"と捉えなおした。つまりエンパワーメントとは，単純に人々が力を与えられ，保有している状態を意味するのではなく，環境的，社会的障壁を取り除くこと（エンパワーする過程）で，人々が本来持っている力を発揮できる状態にすること（エンパワーした結果）を目指すこと，すなわち，過程と結果の両方が揃うことが不可欠といえる。例えば，組織における意思決定に参加できる制度を導入する

だけではエンパワーメントではない。意思決定に関与するために必要な知識やスキルを獲得し，主体的，生産的に意思決定に関わることが推奨されるという社会風土や機会が与えられなければ，制度的に「意思決定の場面に居合わせる権利」が付与されただけであり，実際に意思決定に対して影響を与えることはできないのである。

　このエンパワーメントの定義を職場に当てはめてみると，組織での意思決定過程に対して，働く人が関与することが基本となる（Klein, Ralls, Smith-Major, & Douglas, 2000, p. 274）。このため，産業・組織心理学の領域では，エンパワーメントの概念に相当する用語として従来，**労働者の参加**という言葉があてられていた。例えば Miller & Prichard（1992）は，労働者の参加を「被雇用者が問題解決という職務に関与することを目指すシステマティックな取り組み」（p. 414）と定義している。この定義でいう関与とは，単に労働者が意思決定過程へ積極的参加することのみを意味するのではなく，参加の前提にある情報を共有することや，意思決定に必要な知識獲得の機会を得ること，さらにこうした努力に対する適切な報奨のシステムまでを包括している（Lawler, Mohrman, & Ledford, 1992）。このように，産業・組織心理学における労働者の参加という概念は，エンパワーメントの概念と同一のものと考えてよいだろう。

　研究実践領域がどこであろうとも，また使われている用語が何であろうとも，エンパワーメントあるいは労働者の参加の間には共通点がいくつも見られる。第一に，個人による努力のみではエンパワーメントあるいは労働者の参加を実現することは不可能であり，組織的な変革が必要である。職場を例に挙げると，個人レベルで上司が部下の意見を聞き入れたり，意思決定に参加することを促すことは可能である。しかし，こうした個人レベルの行動は，持続的に組織レベルの意思決定への関与を約束するものとはならない。組織レベルでの意思決定へ継続的に関与すること，そして，その前提となる情報共有や知識獲得の機会や適切な報奨を得るためには，制度やシステムを組織

レベルで導入しなければならない。第二に，エンパワーメントあるいは労働者の参加は，組織への積極的な参加を促し職務満足を高め，ストレス低減やメンタルヘルスの向上など個人レベルのアウトカムを高めるだけでなく，生産性など組織レベルのアウトカムを高める効果も持っていることが多くの研究から指摘されている。先に述べたように，教員のバーンアウトの原因の1つは，意思決定過程へ参加する機会の欠如にあるため（Fimian & Fastenau, 1990)，学校という職場でのエンパワーメントによって，教員のストレス予防，メンタルヘルスの向上が可能と推測される。これまで，バーンアウトとエンパワーメントとの直接的関連を明らかにした研究は報告されていない。しかし，それでもなお学校での教育や組織運営に関わる意思決定に対して教員が参加する権利を保障し，その機会を提供するという組織的取り組みを導入することが，教員のバーンアウト予防には必須の要素であるといえる。

第3節　日本の学校教員におけるバーンアウトの予防

　ここまで，職務ストレスやバーンアウトの低減や予防を考える上で，ソーシャルサポート，エンパワーメントを組み入れた介入を構築することが有効であることが明らかとなってきた。本節では特に日本の学校教育，学校教員に特有の状況について検討し，前節までのバーンアウト予防へ向けた理論的枠組みが日本の教員バーンアウトの予防にどの程度有効であるのか，また有効たらしめるために考慮すべき要素は何なのかという2つの側面から論じたい。

日本における教員バーンアウト研究の歴史

　バーンアウトが教員に特徴的に見られるストレス反応であることは先に述べた通りである。この状況は日本の学校教員にも当てはまる。1980年代後半には土居（1988）が，日本の学校教員を取り巻く諸問題の中で，バーンアウ

トが最も深刻であると述べている。この指摘がなされるまで，日本のバーンアウト研究の対象者はほとんどが医師や看護師などの医療関係者ばかりであり，教員のバーンアウトに関する研究論文はほとんどなかった（落合，2003b）。しかし1990年代以降，教師のストレスやメンタルヘルスに関わる問題が深刻さを増し，バーンアウトが「燃え尽き症候群」という形で社会的な関心を集めるようになった。このような社会的要請を受け，心理学，教育学領域での教員のストレス，バーンアウト研究の数は2000年代以降も増加が続いている（伊藤，2000；久富，1995；倉戸，1999；落合，2003a；八並・新井，2001など）。

　多くの研究から，バーンアウトの原因となる環境要因としては，多忙がもっとも強い影響を与えるという指摘（鈴木，1993）がなされている。日本の学校教員という職業的特徴として，仕事量の多さ，職務中の休憩時間の短さ，残業や持ち帰り仕事の多さなどが挙げられ，また多忙がバーンアウトの原因とする調査も多くみられる。そのため一般には，過重な職務を軽減することがバーンアウト問題の解決の決め手であると考えられている。確かに，多忙とストレスやバーンアウトが関連していることは直感的にも違和感なく，バーンアウト低減，予防の手法として一考の価値がある。しかし先に述べたように，バーンアウトの原因には政策，組織のシステム，経済状況など複合的な要因が関わっており，単に仕事量を減らすだけで充分とは考えにくい。また教育社会学における近年の研究では，「多忙」と「**多忙感**」を区別することが必要であり（北神・高木，2007；高木・北神，2007），教員のメンタルヘルスに関わる問題の原因は，多忙そのものにあるのではなく，教師が抱く多忙という感覚と強く関連していることが指摘されている（高木・北神，2007）。

　教員の勤務実態を見ると，月あたりの残業時間が40時間に迫るなど，時間的に多忙なことも事実である。一方で多忙であるという主観的認知，すなわち多忙感は，特に日本の教育現場の制度的，文化的特徴を反映した要素と言われている。その理由として第一に，教員が果たすべき職務の範囲や内容の

曖昧さがある。例えば，部活の指導に当たる教員の中には，教員としての本務の範囲を超えて個人の時間を割き金銭的負担を負いながら指導を行っている人も少なくないという。また本務であっても，いわゆる生徒指導などは，時間や場所の制限なく行われる職務となりうる。「業務時間外」に「学校外」で児童や生徒が起こした問題であっても，学校が関与しないということは，社会的に許容されにくい。さらには学校運営上の書類作業や保護者との関わりなど，児童，生徒への教育という本質的な業務の周辺領域にある仕事が，時間的にも本来業務である授業準備を圧迫しているという指摘もなされている（結城，2000）。つまり制度上，教員の職務範囲は明確に決められているものの，実態は大きく乖離しており，児童，生徒に関わる問題であれば，どのようなものであっても教員の職務となりうるというのが現状である。

　また別の視点として，久富（1988）は教員の職務に関するレビューから，上記のような客観的な多忙に起因する多忙感に加え，日本の教育には「多忙感の文化」があると指摘している。久富によると，そもそも日本の教師の行動パターンは，多忙を生み出しやすいものとなっており，また教師自身が多忙感を受け入れているという現状があるという。また多忙を，職務が不完全だったり上手くいかないことに対する言い訳に使うようになり，さらには多忙であることが職務に価値があることや自分が熱心に職務を遂行していることを表しているように感じ，多忙であることで満足感を得るようになるとしている。つまり，教員数の増加や教員の職務を補助する人員を配置することといった改善策は，財政的に容易でないばかりでなく，バーンアウトの原因である多忙感という主観的認知を変える方法とはならない。そのため多忙感という日本の教員に特有の現象を理解した上で，多忙感に関わる要因に対して働きかけることが必要となる（鈴木，1993）。

ソーシャルサポートとエンパワーメントの促進による教員のバーンアウトに対する介入

　教員のバーンアウトを予防する方法として「多忙感を減らすために仕事量を減らす」という方法が効果的ではないとしたら，どのようにすればよいのだろうか。ここまで見てきた，ソーシャルサポートとエンパワーメントの促進という方法は，欧米での多くの研究成果と同様に日本の学校教員にも当てはまるのだろうか。ストレスとソーシャルサポート，エンパワーメントの間にある関係は，これまで多くの研究で繰り返し確認されている。しかし，こうした研究の多くは調査研究，つまり，「ソーシャルサポート認知が高い人（低い人）は，ストレス反応を呈している（呈していない）傾向がある」という現状を分析したものがほとんどであり，実際にバーンアウトという問題の改善を目指した実践的なプログラムを構築，実施し，評価をしているケースは，これまで特に日本の学校教員を対象としてはほとんど行われていない。従って，日本の学校教員に対して，理論的に予測された通りの効果が見られるかは未知である。実際にプログラムとして取り組み内容を計画する際には，「日本の」，「学校で働く」，「教員」という，フィールドや対象者の特性，コンテクストなども考慮する必要があるだろう。

　日本の学校教育のコンテクストを反映させたバーンアウト研究として，宮下（2009）による調査を見ていきたい。宮下は，小，中学校教員に「教員のバーンアウトを低減するために必要なことは何だと思うか？」という質問を投げかけ，自由記述回答を収集した。この質問に対する回答として最も多かったのは，「職場におけるコミュニケーションや相互サポート」に分類されるものだった。興味深いことに，一般教員に限らず管理職である校長や教頭（副校長）も同様に，教員のバーンアウト低減にはコミュニケーションやサポート関係の構築が重要であると回答している（小学校で40.4%，中学校で30.0%）。管理職教員はさらに，コミュニケーションやサポート関係は一般教員のみならず管理職自身のバーンアウト予防にも有効と考えている（小学

校で13.2%，中学校で30.8%）。ここでいう教員間のコミュニケーションや相互サポートが，ここまで論じてきたソーシャルサポートの概念とほぼ同一であることは言うまでもない。しかしそれ以上に，コミュニケーションやサポート関係には，エンパワーメントの概念も含まれていると宮下（2009）は指摘している。宮下（2009）の研究で「職場におけるコミュニケーションや相互サポート」というカテゴリに分類された回答の例として，「すべての教員が自由に会話できるような組織風土や同僚関係」「教員間の協働的パートナーシップの感覚の向上」「成功も失敗も，ともに認められるコミュニティの雰囲気」などが挙げられている。こうした回答は，教員が組織の意思決定に関与する機会を得ること，そして，その前提として職業人としての自律性が尊重されることというように，エンパワーメント，中でもエンパワーする過程に深く関わっている。こうしたことから，「職場におけるコミュニケーションや相互サポート」がエンパワーメントの概念を包含していることは明らかである。宮下（2009）の研究から，学校という職場におけるソーシャルサポートとエンパワーメントの促進がバーンアウトの低減，予防に効果を発揮するという理論的予想が，現場の教員の実感として効果的でありプログラムとして求められていることが示されたといえる。

　宮下（2009）の研究結果は教師の主観に基づく自己報告から抽出されたものであり，教師の語りから得られた言葉が，心理学的構成概念としてのソーシャルサポートやエンパワーメントの定義と類似していたとしても，それだけを根拠に両者が同一であると判断することはできない。そこで，落合（2004）による研究を取り上げる。落合はエスノグラフィーの手法を用いて教師がバーンアウトに至る過程について検討し，個人，コンテクスト，環境，社会的要因が相互に関係するダイナミズムモデルを構築している（図2.3）。教員がバーンアウトに至るまでの過程を描いたこのモデルは，Lazarus & Folkman（1984）や Dohrenwend（1978）が描いた環境と人との相互作用によるストレスモデルとも共通した特徴を有している。

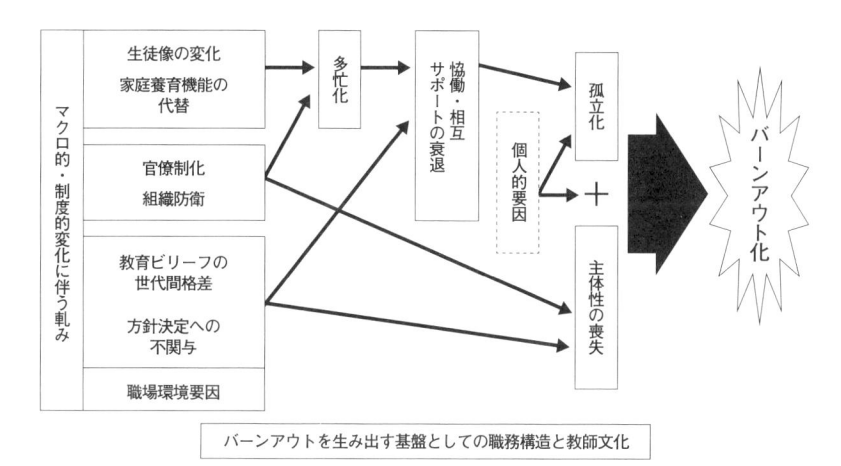

図 2.3　教師のバーンアウトのダイナミズムモデル（落合, 2004）

　落合のモデルの特徴の 1 つは, マクロな社会・制度的な要因と, より教員にとって身近な職場環境要因とを区別している点である。マクロレベルの環境要因としては, 家庭機能や児童・生徒像や教育施策など, 時代とともに変化してきた社会と制度の変化に伴う軋みが挙げられている。これらの環境要因に対して介入し変革を目指すことは, コスト面で容易ではない。一方で, より身近な環境要因としては, 教育ビリーフの世代間格差や方針決定への不関与など職場環境の要因が挙げられている。これらは学校単位での組織構造や教員間の対人関係など, 介入によって比較的変革が容易な要因である。従ってバーンアウト予防のための取り組みを開発する際には, 学校という職場環境の変革を目指すことが妥当であろう。

　落合のモデルをさらに見てみると, バーンアウトを引き起こす直接的な要因として, 孤立化と主体性の喪失を挙げている。孤立化が生まれる原因には教員間の協働やサポート関係の衰退があり, 主体性の喪失を生み出す原因を辿ると, 職場での方針決定の不関与に行きつく。つまり, 具体的な介入方略としては, 学校という職場環境を舞台に, 教員間の協働やサポートを促進す

ることで孤立化を低減し，方針決定の参与など主体性を取り戻す取り組みが有効であることが，このモデルから明らかとなる。教員間の協働やサポートは，文字通りソーシャルサポートの促進を意味しており，方針決定への不参与による主体性の喪失はエンパワーメントと密接に関わることは明らかである。

　ここまで見てきた宮下（2009）と落合（2004）の研究は，異なった目的によって行われたものである。宮下（2009）の研究は，バーンアウトの低減，予防のために何が必要か，教師が実際に感じていることを抽出することを目指しており，落合（2004）の研究は，学校というフィールドの中でバーンアウトがどのように発生していくのかを明らかにすることを目的としている。しかしいずれの研究も，学校という職場における教員のバーンアウトを予防する上で，ソーシャルサポートとエンパワーメントがカギとなることを示している。つまり，教員のバーンアウトを予防するための取り組み開発の基本的な理論モデルとして，ソーシャルサポートとエンパワーメントの促進が必要で，有効であるというのが，本章の結論となる。

第3章　プログラム開発と評価の理論的背景

　第2章では，教員のバーンアウトを予防する上で，ソーシャルサポートとエンパワーメントの促進が重要となることが明らかとなった。では具体的に，何を，どのようにすればよいのだろうか。本書が目指しているのは，心理学的な研究関心に基づく一回限りの「実験」ではなく，学校という職場に定着し，将来にわたってバーンアウト予防に効果を発揮する継続的な取り組みの開発である。第3章では，単に効果があるだけでなく，現場に根付く取り組みを開発する際に重要となる，**プログラム開発と評価に関わる理論**について見ていくこととする。

　プログラムの開発，計画とプログラム評価は，コインの表裏のようなものである。問題領域の理論や研究知見に立脚し綿密に計画されたプログラムであっても，はじめから，そして，いつまでも効果的であり続けることは不可能である。理論や研究知見は，問題領域に関する一般的な知識を提供するものであり，実際に問題領域に取り組む現場に特有のコンテクストまで考慮したものではない。また，プログラムを実施する現場，対象者，そして実施者さえ時間の経過の中で常に変化し続けており，今日，成功したプログラムが，明日も成功するという保証はない。さらに，プログラムの実施には多くの人的，経済的資源が投入されており，たとえ効果のあるプログラムであったとしても，こうした資源を無駄なく利用しているのか，また投入した資源に見合った成果が得られているのか，常に費用と効果のバランスの問題が生じる。従って，プログラムを常に変革，改善し続けるための情報の収集と分析，すなわちプログラム評価がプログラムの計画と実施には不可欠なのである。

　本章では，初めにプログラム評価理論について概観し，特に，人が活動している現場でプログラムを実施し，評価を行う際に問題となる，プログラム

評価の科学性と，コミュニティの状況に合わせた開発・評価の手法について述べる。

第1節　プログラム評価理論の概観

　プログラム評価という言葉は，**プログラム**と**評価**という2つの言葉から成り立っている。まず**プログラム**（program）という言葉の語源は，ギリシア語で「事前に」を意味する"pro"と，「描いたもの」を意味する"gramma"にある。つまりプログラムとは，特定の目的のために，事前に決定あるいは記録されている一連の活動や指示の集合体を意味する。ここでいう目的がコンピュータの操作を意味することもあれば，教員のバーンアウトのように社会的，心理的問題を解決したり予防したりすることを意味することもある。いずれにしても，プログラムという言葉が持つ「あらかじめ決定されている手続き」という意味に違いはない。ただし，プログラム評価という文脈におけるプログラムは，通常，社会的，心理的，教育的目標を持った取り組みを指している。

　一方，**評価**（evaluation）という言葉は，活動に"value"すなわち価値を付与することが原義である。しかし，近年のプログラム評価理論では評価の機能が拡大し，価値の有無を判断するだけでなく，プログラムのどの部分や側面に価値があるのか，またさらに価値を高めるためには何が必要となるのかなども関心の対象となっている。こうした意味合いや使われ方を反映し，評価学の標準的な教科書の1つである"*Evaluation*"の中で Weiss（1998）は，評価を「プログラムや政策の運用状況や成果に関する体系的な査定であり，明示，あるいは暗示された基準と比較をしながら，プログラムや施策の改善，発展に寄与する手段となることを目指すもの」（p.4）と定義している。また，別の評価学の標準的テキストである"*Evaluation: A Systemic Approach*"で Rossi, Lipsey, & Freeman（2003）は評価を，「社会的研究手法を活用して，

社会的な介入プログラムの効果を体系的に査定し，プログラムが置かれている政治的，組織的環境に適合させ，社会状況に合った社会的な活動の設計のための情報提供をするもの」（p.16）と定義している。さらに安田・渡辺（2008）は，それまでの評価に関する定義をレビュー，検討した上で，プログラム評価を「特定の目的をもって設計・実施される様々なレベルの介入活動およびその機能についての体系的査定であり，その結果が当該介入活動や機能に価値を付与するとともに，後の意思決定に有用な情報を収集・提示することを目的として行われる包括的な探究活動」（p.5）としている。

プログラム評価の5つの機能

　通常，社会的なプログラムに対する評価で最初に提起される質問は「プログラムが，予想されていたゴールに達したか？」である。しかし上記の定義を見れば明らかなように，現代のプログラム評価では，目標達成の有無以上の回答を提供することが期待されている。社会的なプログラムというのは社会的な問題を解決，予防し，さらによりよい社会の構築を目指したものである以上，効果がないプログラムは無意味どころか，害悪にさえなりうる。だからと言って，「効果がないプログラムは終了すればよい」というように単純に結論を出すことはできない。プログラムに効果がないということは，そこにはプログラムによって解決，予防したいと考えた問題が依然，存在し続けているということである。だとすれば，―それが，完全に新たなプログラムであれ，効果がないプログラムを改善したものであれ―何らかの取り組みが引き続き要求される。それゆえプログラム評価では，プログラムの継続を支援する情報を提供することが必要不可欠となってくる。プログラム評価が果たすべき機能について Patton（1997）や Rossi, Lipsey, & Freeman（2004）は，**プログラム改善，意思決定，アカウンタビリティ，知識生成，広報**の5つを挙げている。プログラム評価とは，収集した様々な情報をこれらの機能に基づいて統合し効果的なプログラムの計画，実施に貢献することにほから

ならない。

　プログラム改善機能とは，評価によってプログラムの改善，改良，発展に有用な情報を収集することを指している（Rossi, Lipsey, & Freeman, 2004）。改善のための評価を総括的評価と呼ぶこともあるが，総括的という言葉が「プログラム終結後」をイメージさせるのに対して，現代のプログラム評価理論における改善のための評価は，プログラムの実施計画策定の最初の段階から始まるものとされている。つまり，プログラムを改善に役立つ情報収集のためには，単にプログラムがどのように行われ，どのような効果が見られたのかを査定するだけでなく，プログラムに対するニーズを正確に把握していたか，ニーズやプログラムを実施する対象者，現場に適した計画が策定されていたか，プログラムの直接的な効果だけでなく波及効果としてどのようなものがあったのか，プログラムは効率的に実施されたのかといった，プログラムのあらゆる側面に関する査定が必要となる。

　プログラムのニーズに関する査定つまり**ニーズアセスメント**では，関心の対象となっている問題が発生している状況，問題がどの程度深刻なのか，問題の解決，予防のために何がなされるべきなのかなどについて検討をする。ニーズアセスメントの手法は，アンケートを使用したニーズ調査や記録データ（アーカイバルデータ）の分析など様々ある。一見，問題の深刻さが明白であるときにはニーズアセスメントは不要に思われるかもしれない。しかし，目に見える問題の深刻さや直感的に思いつく解決，予防方法が，常に事実を正確に反映しているとは限らない。ニーズアセスメントを怠ることで，本来，解決や予防すべき問題を軽視（無視）した，的外れなプログラムを計画してしまう恐れがある。加えて，ニーズアセスメントを行わなければ，目標として設定すべきアウトカムが何なのか，そして，どの程度の目標に達成すればよいのかを決定することができなくなってしまう。目標があやふやでは，アウトカム評価を実施することは不可能である。さらに付け加えるならば，効率性や費用便益の分析を行うためにも，プログラム実施前の状況を正確に把

握することは欠かせない。ニーズアセスメントは，プログラム評価を開始する最初かつ欠くことのできないステップなのである。

　ニーズアセスメントの結果に基づいて，プログラムをデザインし実施することになるが，どんなに慎重に計画，実施されたプログラムであっても，期待した成果をもたらさないことも少なくない。成果のないプログラムを，その先どうするのか。計画を見直したりさらなる資源を投入したりして，プログラムの改善を図り継続するのか，それともプログラムを終結させるのか。プログラム評価の2つ目の機能は，**意思決定を行うための材料となる情報を提供すること**にある（Patton, 1997）。正しく意思決定を行うためには，単にプログラムが効果を発揮したかどうかという情報だけでは不十分である。あまり効果を発揮しなかったプログラムであっても，軽微な改善でより成果をもたらすかもしれない。逆にプログラムに効果があったとしても，経済性，効率性に問題があり，継続が困難と判断せざるを得ないこともあるだろう。つまり，プログラム評価の意思決定機能は，プログラム改善機能とも密接に結びついているといえる。意思決定のためには，プログラムの改善可能性，改善のためにはどうすればよいのか，そのために必要な人的，経済的，時間的資源はどの程度が見込まれるのかといった情報の収集も欠かすことができないのである。

　プログラム評価の機能の3つ目は，**アカウンタビリティ**[1]（Rossi, Lipsey, & Freeman, 2004）である。アカウンタビリティという言葉は，1960年代に公金の使途を明らかにすることを指すものとして登場したといわれている。そのためプログラム評価においても，第一義として費用便益分析との関連で用いられる。社会的プログラムを実施するためには，金銭的，物質的，人的，時

---

[1] アカウンタビリティは「説明責任」と訳されることもあるが，プログラム評価におけるアカウンタビリティは，単に「そのような結果が出た理由を説明する責任」だけでなく，本文中にもあるように「費用対効果に対する責任」や「改善，発展の指針を指し示す責任」なども含意するため，訳語ではなくアカウンタビリティとした。

間的，あらゆる資源が必要となる。従ってプログラムを計画，実施している人は，こうした資源を提供しているステークホルダーに対して，資源が無駄なく有効に活用されていること，投入された資源に見合った成果が得られていることを示さなければならない。つまり，プログラムの**効果**という狭義のプログラム評価の視点に加えて，プログラムの**効率性**を示すことがアカウンタビリティの中心となる。これに加えてプログラム評価におけるアカウンタビリティは，プログラムの受益者に対しても示すことが求められる。プログラムに参加し，その効果を享受するであろうコミュニティのメンバーは，解決，予防すべき問題に曝されており，プログラムに対して多大な期待を抱いている。この期待に対して，プログラムがどのように応えているのかを説明する責任も生じるのである。ときに，効果があるにもかかわらず効率が悪いことを理由にプログラムが終結されることがある。しかし，それまでプログラムの恩恵を受けていた人たちにとっては，効果があることが重要であり，効率性に基づく判断が必ずしも納得できるものとは限らない。つまり，プログラムに出資しているステークホルダーと，プログラムを受益しているステークホルダーとの間にニーズの相違があるのである。このときプログラム評価のアカウンタビリティ機能によって，プログラムの費用便益をエビデンスに基づいて提示することで，異なるニーズを有しているステークホルダー間のコミュニケーションの土台を作ることができる可能性がある。ここで挙げた例ではステークホルダーの立場は２つだけであったが，実際のプログラムでは，プログラムに対して資金を直接提供している資金提供団体，資金提供団体に出資をしている出資者，プログラムを設計，計画をした専門家，実際にプログラムを実施，運営している現場スタッフ，プログラムの直接的な受益者，受益者の家族や地域社会の人など受益者に関わる人々など，プログラムの内容，効果，効率性，継続性などに対して，知識も期待も全く異なるステークホルダーが，数え切れないほど存在している。アカウンタビリティとは，こうした立場や認識，ニーズの異なるステークホルダー間の対話の土台

を作り，より良いコミュニティを構築するという究極目標の達成を目指すために，エビデンスに基づく情報と指針を提供するものであることが期待されているのである。そのため，プログラム評価におけるアカウンタビリティ機能は，プログラムに対して多角的な視点からデータを収集することが必要となる。

　プログラム評価の 4 つ目の機能である**知識生成**は，ここまで述べた実践的な観点よりも学術的な視点に寄った機能である。知識生成機能から得られる知識には，プログラムの理論背景（介入の理論），プログラムの設計や介入手法，さらにはプログラム評価の方法論そのものも含まれる（Rossi, Lipsey, & Freeman, 2004）。プログラム実施における介入の理論とは，プログラムが対象としている問題を解決，予防するために，どのようなプログラム内容や手法が有効かを決定する基本となる理論である。介入の基本となる理論は，一般的に，心理学などの研究分野で実験，あるいは調査を用い，小規模の対象者に対して行った研究に基づいて構築され，「A という変数は，B という変数の影響により決定される」というような形であらわされるものである。A とはプログラムが対象としている問題にあたり，B はプログラムの内容を構成する要素に相当する。こうした理論は，実験的に作られた環境下で，研究対象となった人々という限定的な状況で，ある程度，確かであろうことが示されている。しかし，この理論に基づいてプログラムを構築したとしても，理論で示された通りの結果，すなわち，プログラムによって生じることが期待される効果が見られるとは限らない。プログラムが実施される現場は，実験場面のように統制されたものではなく，予測可能なもの，不可能なものを含め様々な影響が混入する。例えば実験的研究を行う際，参加者が実験への参加を強制されることはない。しかし社会的プログラムでは，例えば学校で行われる心理教育的プログラムのように，その学校に在籍する児童，生徒は参加，不参加の選択権が実質的には与えられないことがある。また，理論を構築する研究の対象となった人々と，プログラムが対象としている人々の特

性，例えば年齢層，居住地域，教育歴などが異なることも多い。さらに研究は通常，長くても数週間から数か月間の変化を検証するものが多く，ある一時点での変数間の関連を検討している研究も多い。しかし社会的プログラムの場合には，短時間の取り組みを一回だけ実施するというケースは稀で，数カ月から数年という単位で実施するものも少なくない。実施期間が長くなるほど，その間に不測の要因が混入する可能性が大きくなる。このような様々な外的要因の影響を受けながら実施されたプログラムが予測された通りに効果を発揮したとすれば，プログラムを設計する基本となる介入の理論の正しさや頑健性をさらに証明することになる。逆に理論的予測どおりの効果が見られなかったとしても，プログラムの内容などと照らし合わせながら検証することで，プログラムの基本となった理論のどこに影響を与えたのか，あるいは理論の不備や問題点，限界は何だったのかといった，理論の改善，発展に寄与する情報を得ることができる。

　実際の評価研究の例を挙げると，池田（2015）は，カシミール紛争で対立関係にあるインドとパキスタンの大学生が，インターネット回線を通じて協働的な研究プロジェクトを実施することで，相互の信頼関係醸成を図るプログラムについて報告している。このプログラムは，人は接触頻度が高い他者に対してより好意を持つという単純接触効果（Zajonc, 1968）に基づいたもので，数年間，プログラムを繰り返す中で，実際にある程度の効果が見られていた。しかし，ある年に，プログラム実施中にカシミール地域で自爆テロが発生したことで民族意識や対立感情が急激に上昇し，その年の参加者では信頼関係醸成の効果が見られなかった。従来から単純接触効果の限界や影響を与えうる要因については様々な指摘がなされてきたが，池田（2015）の研究では，自爆テロによる民族意識や対立感情の上昇という，研究場面で再現することが困難な要因の影響について知見を得ることができた。つまり，プログラム評価の知識生成機能とは，予測はされていながら，研究という文脈の中で実現が不可能な事態が，人々が実際に生きている現場であるが故に自然

に発生し，その中で理論の検証が可能となるという意味も含んでいるのである。これは，Lewin（1946）が提唱したアクション・リサーチの手法とも通ずるものである。さらにプログラムの実施方法や手順等をふりかえることで，プログラムの実施に必要な資源配分や手順の精緻化などのプログラム実施に関する知識の生成や，プログラムを実施するコミュニティの特徴や置かれている状況に適したプログラムの計画，実施，評価の手法のあり方などを検討することもできる。

　プログラム評価の機能として，最後に**広報宣伝機能**について触れたい。プログラム評価の結果は通常，報告書という形式にまとめられ，プログラムに関心をもつステークホルダーの閲覧に供される。ステークホルダーが報告書を見るときには，プログラムに効果があったか否かが最大の関心となるが，それ以前に「プログラム評価を実施していること」そのものが，評価を実施していないプログラムと比較して，プログラムが「適正に行われている」という信頼と賛同を集める装置として働くことがある。そうなるとプログラムの効果や効率性の程度は二の次にされることも多い。そのため広報宣伝機能は**隠された機能**（Rossi, Lipsey, & Freeman, 2004）と呼ばれることもある。また評価報告書を公表しようとするステークホルダーは，プログラムに資金を提供しているなど，プログラムの実施にある程度の責任を負っていることが多い。そのため，こうしたステークホルダーは，プログラム評価を行った人（評価者）が提出したエビデンスに基づく評価報告書そのものではなく，その中から自らに都合のよい情報だけを抜粋したり，過度に簡略化に公表することも珍しくない。当然，このようなプログラム評価の結果は，プログラムに関わる理論の発展にも，プログラムが対象とする問題にも直接的には何の意味も持たない（Rossi, Lipsey, & Freeman, 2004）。そのため評価を実施する専門家は，プログラム評価の広報宣伝機能を否定しようとし，自分たちがそこに加担しないように注意をしている。しかし実際には，評価に必要な経費を負担しているステークホルダーの意向に反する結果を提示することが困難だっ

たり，評価の実施に協力をしてくれたプログラム実施スタッフの努力を否定するような報告をすることがためらわれたり，広報宣伝機能から完全に逃れることは困難である。一方で広報宣伝機能は，プログラムに対してさらなる賛同や資金を集め，プログラムの改善，発展，拡大に寄与しうることも事実である。評価の科学性，公平性，公正性を保ちつつ広報宣伝機能のメリットを得るための方法と，評価者自身が評価者としての倫理に基づき行動をとるという強い意志が必要であろう。

第2節　プログラム評価モデル

　ここまでに述べたようなプログラム評価の機能を発揮するためには，「何のための情報を得たいのか」，「その情報を得るための問題設定はどのようなものか」，「プログラムのどの段階で実施するのか」という3つの側面を検討し，それぞれに適した評価手法を組み合わせていくことが必要となってくる。これは，科学研究でリサーチ・クエスチョンを設定するのと同じである。どのようなリサーチ・クエスチョンに対する答えを得たいのかによって，データ収集の方法やタイミング，対象者，分析の手法などが決定する。プログラム評価においても，評価クエスチョンが，評価の内容や手法を決定する際に最も基本かつ大切なスタートとなるのである。プログラム評価が科学研究と若干異なる点として，評価が対象としているのは，時間とともに進行しているプログラムであるということが挙げられる。科学研究では，設定するリサーチ・クエスチョンが単一であっても問題はない。これに対してプログラム評価は，プログラムの開始前，実施計画策定段階，実施中，実施後と，時間軸が進行する中でそれぞれのタイミングに適した評価クエスチョンを体系的に設定し，総体としてプログラム評価を構成しなければならない。プログラムの進行に沿って体系的に設定された評価クエスチョンに対する答えから得られた情報を組み合わせ相互に参照することで，後述するように単独のクエ

表 3.1　プログラム開発と評価の段階

段階	目的	評価クエスチョン
ニーズアセスメント	コミュニティの問題とニーズの査定	コミュニティのニーズや基準に照らして，現状はどうか？
	目標設定	ニーズを満たし，規準を達成するためには何をすべきか？
プログラム内容の設計プログラムの計画	プログラムの候補を検索	望まれる変化を生み出すためには，どのようなことができるだろうか？
	最良なプログラムを選択	最適な取り組みは何か？
プログラムの実施とプロセス評価	プログラムの実施	プログラムをどのように実施するか？
	プログラムの運営	プログラムは計画通りに実施されたか？
アウトカム評価	プログラムの効果の査定	プログラムは望まれる変化を生み出したか？
プログラムの改善と継続	プログラムの効率性の査定	ゴール達成に要したコストは妥当か？

スチョンから得られる以上の情報を抽出することができる。しかし，評価クエスチョンを体系だてずにバラバラに設定してしまうと，それぞれの答え単独の情報しか得られない。そうすると，評価から得られる情報の質や量が低下し，評価の有用性が損なわれてしまう。有用性の低い評価報告を見たステークホルダーは，最も関心を持っているプログラムの効果に関する情報のみを注目するようになり，他の情報が輪をかけて活用されないという悪循環が生じてしまうのである。ここでは表 3.1 を参照しながら，各段階での評価クエスチョンの内容について，さらに詳しくみていきたい。

ニーズアセスメント

　プログラム計画は，ニーズアセスメントから開始することが多い。ニーズアセスメントとは，効果的なプログラムを計画するため必要となる情報，例えば関心の対象である問題の原因や関連する要因は何か，問題はどの程度，

深刻なのか，プログラムが対象とすべき人々は誰で，どのような特徴を持っているのか，プログラムを実施するにあたって助け，あるいは妨害となるコミュニティの要因や特徴は何かなどを査定することを指す。新たなプログラムを計画する時だけでなく，すでに実施されているプログラムに対してニーズアセスメントを行うこともある。プログラムが対象としている問題の深刻さや参加者の状況，関連する要因は常に変化をしている。特にプログラムの実施期間が数か月から数年と長期になると，プログラム開始時のニーズからの変化は無視できないほど大きくなることも多い。そのためプログラムの実施途中で改めてニーズアセスメントを行い，実施中のプログラムがコミュニティのニーズに適合しているのかを確認し必要な修正や変更をプログラムに施すことで，プログラムの成果を高めることができる。

プログラム内容の設計，プログラムの計画

　次に，実際にプログラムとして何を，どのように実施するのか，プログラムの内容と実施計画を策定する。具体的な実践内容を決定する際，諸外国には問題領域ごとに「科学的根拠に基づき，効果が見込まれるプログラムのリスト」があり，このリストからプログラムを選択することが一般的になっている。例えばアメリカでは，疾病管理・予防センター（Center for Disease Control and Prevention）のウェブサイト[2]の中で，保健福祉省が提供している National Registry of Evidence-based Programs and Practices（薬物乱用や，若年者の飲酒・喫煙，暴力，自殺など，心身の健康に関わる問題行動），司法省が提供している Office of Juvenile Justice and Delinquency Prevention Model Programs Guide（非行や少年犯罪），教育省が提供している What Works Clearinghouse（人格教育や怠・退学予防）など，国家レベルで集積したプログラムのリストが紹介されている。こうしたリストにプログラムを登録する際

---

[2] http://www.cdc.gov/healthyyouth/adolescenthealth/registries.htm

には，プログラムに効果があることを適切な科学的手法によって明らかにしたうえで，プログラムが効果を発揮する対象者の範囲（特徴）やプログラムが効果を及ぼすと考えられる根拠となる理論，評価手法などを明示する必要がある。残念ながら日本にはまだ，このような厳密な基準に基づいたプログラム登録システムはない。ただし幸いなことに近年，プログラムや取り組み内容を作成する際に参考となる資料となる，問題領域に関わる理論についての研究論文やプログラム実践例等がインターネット上に数多く公開されている。そのためこうした情報に基づいて実践内容を策定する方法が普及し始めている。

　しかし，後に詳しく述べるように，アメリカで公開されているような科学的根拠に基づき効果が強く見込まれるプログラムであっても，実践現場に固有の状況や文化的・歴史的背景などの影響によって期待される効果をもたらさないこともある。まして研究論文や実践例をもとに策定した実践内容は，科学的検証を繰り返し広く行っていないため，見込まれた効果をもたらすと断言することはできない。そのため科学的根拠に基づくプログラムを選び出した場合であっても，理論や実践例をもとに独自にプログラム内容を策定した場合であっても，その実践内容と実践内容の根拠となる理論が，対象としている問題領域，対象者，実施現場に適合しているのかを検討する過程，すなわちプログラム理論（介入の理論）の査定を欠かすことはできない。プログラム理論の査定を行う際に，**ロジックモデル**を作成するという方法が用いられることも多い。ロジックモデルとは，「（教材や道具）を用いて（対象者）に対して（個別の実践内容）を実施すると（このような変化）が生じる」というように，プログラムが効果をもたらすと考えられる，一連の論理的つながりを図示したものである。ロジックモデルの中にニーズアセスメントから得られた問題や対象者の状況を盛り込み詳細を図示することで，論理的に結びつかない部分，すなわちプログラム理論の不備を見つけ，必要な対処を行うことができる。ロジックモデルを作成するもう 1 つの利点として，プログラム

の内容や進行過程，期待される成果などを目に見える形に表現することで，知識のレベルや関心が異なるステークホルダー間のコミュニケーションを促進する効果もある。ロジックモデルを作成する具体的方法は United Way of America（1996）や W. K. Kellogg Foundation（2001）で紹介されているが，必ずしもこうした方法や形式にとらわれるのではなく，プログラムの進行に沿って，必要な情報を結び付け図示することが，「論理的に効果が見込まれるであろう」プログラムの作成に有効なのである。

プログラムの実施とプロセス評価

　ニーズアセスメントを行い，ロジックモデルを作成し，問題や対象者，コミュニティの状況に合わせ，理論的に効果が見込まれるプログラムを計画，実行したとしても，期待される成果が得られるとは限らない。プログラムが期待される効果を発揮しなかった場合，考えられる原因は２つある。１つは，プログラム理論すなわちロジックモデルに誤りがある場合である。ロジックモデルはあくまでも，プログラムが効果をもたらすであろうという論理的（理論的）予測に過ぎない。従ってロジックモデル自体に誤りがあったり，ロジックモデルの中に組み込まれなかった要因があったり，そもそもロジックモデルを作成する根底にある理論の選択を誤ったことによって，予想と異なる結果となることもある。

　プログラムが効果を発揮しないもう１つの原因は，プログラムが計画通りに実行されなかった可能性が挙げられる。プログラムの計画は，様々な要因から途中で変更を余儀なくされることが多い。例えば，途中で資金が不足したため必要な量の教材や用具を揃えることができない，アクセスしやすい会場を確保することができず遠方でプログラムを開催したため参加者が予想を大きく下回ってしまった，時間が限られたために現場スタッフが独自の判断で必要性が低いと思われるプログラムを省いてしまったなど，様々な状況を想定することができる。

　プログラムが効果を発揮しなかった原因が理論の誤りにあるのか，実践の誤りにあるのか，それを見極めるために実施するのが**プロセス評価**である。プロセス評価で注目している最大の関心事はプログラムの**忠実性**（fidelity），すなわち，プログラムが計画通りに実施されたかである。プログラムが計画通りに実施されなかった場合，その原因を検討することもプロセス評価の重要な役割である。例えば，プログラム実施現場の担当者が独自の判断でプログラムの一部を割愛したことが原因だとすれば，プログラムを忠実に実施するために必要なことは，「プログラムを計画通り，忠実に実施すること」という口頭での問いかけで充分かもしれない。しかし，プログラムが計画に従わなかった原因が，資金の不足により実施に必要な場所や資材，人材を確保できなかったことにあったとすれば，対応はより困難になる。新たな資金を獲得することができればよいが，資金を獲得するのは容易ではない。そうなると，プログラムの中で実施される予定の数々の取り組みの中から優先順位をつけて取捨選択したり，必要最低限まで実施回数を減らしたりなどプログラム計画そのものの大幅な変更が必要となる。

　こう書くと，プロセス評価の情報はプログラムが失敗したときだけに有効に働くように見えるかもしれない。しかし実際には，プログラムが期待される成果を完全に発揮することは稀で，どこかに不足する部分が生じるものである。また，万一，期待を上回るほどの効果を見せたとしても，プロセス評価情報を活用すべき点はある。複数の取り組み内容のうち，どの部分が効果を生み出したのだろうか。もしもプログラムが計画に忠実に実施されなかったにも関わらず効果を発揮したのならば，その実施されなかった活動はそもそもプログラムの目標達成には不要だったのかもしれない。不要な取り組みは限りある時間，資源，人手の浪費であり，将来的にプログラムの継続を妨げる要因になりかねないため，本当に無駄であるならば，次の計画からは省くべきであろう。

　このようにプロセス評価は，プログラム評価の生命線である。プログラム

の成果を精密に測定し明らかにしたとしても，プロセス評価の情報がなければ，成果の有無から解釈できることはほとんど何もないのである。そのため，プロセス評価を実施可能とするためにも，プログラムの実施プロセスは，途中で変更することはあったとしても，できる限り，あらかじめ詳細に決定していく必要がある。いつ，どこで，誰が，誰に対して，何を，どのように，どの程度行うのか，個別の活動のレベルで計画することによって，「計画通りにいかなかった部分」もまた，詳細に明らかにすることができるようになるのである。

アウトカム評価

　プログラム実施後に行うプログラムの効果の査定を**アウトカム評価**という。アウトカム評価に類似する用語としてインパクト評価という言葉が使われることもある。薬物乱用予防のために，誘われても上手く断るスキルを獲得させることを目指すプログラムを例に挙げると，上手く断るスキルを獲得したかどうかが**アウトカム**であり，獲得したスキルを用いてその後，薬物と無縁の人生を歩むことができるかが**インパクト**と考えられる。このようにプログラムの短期的，直接的効果をアウトカム，中長期的波及効果をインパクトと区別することもある。また，政策評価や国際開発などの分野では，プログラムの中で行われている個別の活動の成果（取り組みが計画通りに実施されたか）をアウトカム，プログラム全体としての効果をインパクトと呼び，本書でいうアウトカム評価のことをインパクト評価と呼ぶことがある。

　どのような言葉を用いたとしても，重要なのは，目標の構造性である。プログラム（評価）で設定する目標は，個別の取り組みの成果として目指す目標，個別の取り組みの目標を達成，統合して目指そうとしているプログラム全体の目標，そしてプログラムを行ったことによって得られると考えられる長期的あるいは広範囲の人々やコミュニティのウェルビーイング獲得という目標というように，時系列性，階層性，構造性を持っている。こうした目標

構造があらかじめロジックモデルとして表現されていなければ，プログラム
の成果として「いつ」「誰に対して」「何を」測定し評価すべきなのかが曖昧
になってしまう。例えば，プログラム終了直後に薬物使用の誘いをうまく断
ることができるスキルについて知識を獲得していたとしても，そのスキルや
知識を実際の友人関係に適用できなければ，よりよい社会の構築にプログラ
ムが貢献したということはできない。プログラム参加者のその後の生涯を追
跡し効果を検証することは現実的には不可能かもしれないが，目標と評価に
構造性があることを認識すること，それをロジックモデルとしてあらかじめ
表現すること，そして，ロジックモデルに基づいて適時，必要な活動を実施
し，適切なアウトカム評価を行うことがプログラムの成功のために取り組み
を改善し目指すべき目標へ向かって迷わず進むために欠かせない。

　インパクト評価に関わって，別の視点が指摘されることがある。それは，
プログラムの悪影響，負の効果，あるいは**医原病**と呼ばれる現象について検
証することの重要性である。例えば，外科手術には，常に感染のリスクがあ
る。外科手術によって元の疾患を取り除くことができても，感染症によって
命を落とすという可能性を完全に排除することはできていない。同様に，心
理・社会的プログラムも，人々が生活している場所を舞台に日常生活とは異
なる取り組みを行う限り，何らかの悪影響を及ぼしうることを認識しておか
なければならない。例えばプログラムへの参加とは，他に何か別のことがで
きるかもしれない時間をプログラム参加に費やすことを意味する。薬物使用
の恐ろしさを伝えて使用を予防しようとしているプログラムに参加すること
で，かえって薬物使用への興味を喚起してしまうかもしれない。このように
心理・社会的プログラムの実施にあたっても，予測できるもの，できないも
のを含めて，様々な副作用や波及効果が生じうる。たとえプログラムが目指
している目標が達成できたとしても，別の悪影響のほうが強かったとすれば，
そのプログラムは良いプログラムとは言えないだろう。困ったことにプログラ
ムの悪影響は事前に予期できないものの方が多いため，悪影響の有無を体

系的に査定することは容易ではない。それゆえに，予想できる範囲で生じうる目標外の効果についてもロジックモデルに表現し，また悪影響の予兆を敏感に捉えることができる感受性を持つことが大切となる。他方，予期できない効果は悪影響ばかりとは限らず，プログラムが目的としていなかった良い効果が見られることもある。例えば，断りスキルの獲得による薬物使用予防プログラムの波及効果として，より良い友人関係構築に繋がり，他の問題行動も予防できるだけでなく，学力や進学実績の向上につながり，地域の貧困スパイラルからの脱却が始まるというような波及効果も生じうる。こうした予期せぬ良い効果から，新たなプログラム開発が始まることもあるため，プログラムが終結し短期的な効果が見られたことで留まることなく，対象者やコミュニティの状況に目を配り続けることが肝要である。

プログラムの改善の維持・継続

　アウトカム評価，すなわち，プログラムの効果に対する査定が終了したら，次にプログラムの改善，発展の可能性について検討する段階となる。プロセス評価のところで述べたように，プログラムの改善，発展のためには，ロジックモデルを土台にプロセス評価とアウトカム評価から得られた情報を分析，統合し，具体的な改善指針を策定していく。プログラムが目指した効果が，参加者全てに同様に見られただろうか，見られなかったとすれば，実施プロセスに問題はなかっただろうか，プログラムの悪影響はなかっただろうか，さらに効果を高め効率の良いプログラムにすることはできないだろうか。プログラムが成功を収めたとしても，改善，発展の余地はあり，さらにプログラムの効果の範囲や効果を発揮する前提条件を明確にしてくことで，そのプログラムを他の対象者やコミュニティに広げていく可能性を高めることができる。

　先にプログラム評価の意思決定機能について触れたが，実際にはプログラムに効果がなかったというだけでプログラムの終結という決定がなされるこ

とは少ない。プログラムのステークホルダーは，どのような立場にあろうと
も，もともとはプログラムの成果に期待し，金銭や物資，人など多くの資源
を提供したのである。プログラムが実施されるときには多くの初期投資がさ
れており，1〜2回実施しただけでプログラムを終結してしまうと，こうし
た初期投資が無駄になってしまう。ステークホルダーは，本心では初期投資
を無駄にしたくないのである。実のところ，プログラムが終結する最大の原
因は，効果がないことではなく，改善が見込めないことである。ここでプロ
セス評価などの必要な評価の手順を踏まなければ，「何をどのように改善す
ればよいのか」がわからなくなってしまい，結果として，改善を前提にプロ
グラムを継続すべきであるという主張に説得力を持たせることができなくな
ってしまう。だからこそ，体系的なプログラム評価が，プログラムの継続的
な実施には欠くことができない要素なのである。

　プログラムの継続性を議論する際に，プログラムの実施コストの問題につ
いても考えなければならない。繰り返し述べているように，プログラムを実
施するためには，多くの経済的，時間的，人的コストが必要である。効果が
あるプログラムに対して次に投げかけられる問いは，「もっと低コストでで
きないか」というものである。これは費用便益分析と呼ばれるものであるが，
ここでステークホルダー間に見解の相違が生じることがある。先に述べたよ
うに，プログラムを実施している人や参加している人は，コストへの関心よ
りも効果への関心のほうが高い。しかし，資金や資源を提供しているステー
クホルダーにとってコストは大きな問題である。効果を発揮するために莫大
なコストを要するプログラムに対して，資金提供者は資金提供の継続をため
らってしまう。たとえ効果があったとしても莫大なコストを必要とするプロ
グラム，特に「プログラムによって解決，予防できなかった場合に生じる損
失」よりも大きなコストが必要なプログラムに対して，継続を求めることは
困難である。つまり，たとえどんなに効果的なプログラムであったとしても，
常に経済効率を高めるための検討を続けなければ，継続的な支援を受けるこ

とは次第に難しくなってしまうのである。

第3節　プログラム評価に関わる課題

　近年，ベスト・プラクティスという言葉が浸透してきている。ベスト・プラクティスとは，「ある成果を得る上で，もっと効果的，効率的な手法」を指す。心理・社会的問題を解決，予防するプログラムの領域でも，問題領域ごとに様々なベスト・プラクティスが提案されている。ベスト・プラクティスを開発するためには，理論的研究から問題の原因や関連要因を抽出し，比較的小規模の試行からはじめ，厳密な科学的手法を用いて比較的大規模な試行までを繰り返すことになる（Wandersman, 2003）。このように大規模かつ精密な分析によって効果が確実とされるベスト・プラクティスは，実際の現場でのプログラム実践の良い手本となるものである（Dalton, Elias, & Wandersman, 2007, p. 340）。本章第2節で紹介したように，現在までに相当数のベスト・プラクティスが開発され，あらゆる場面で活用されている。しかしWandersman（2003）は多くの現場でベスト・プラクティスが，当初期待されていたような効果を発揮していないとし，例としてDAREプログラムについて詳細を述べている。

　DARE（Drug Abuse Resistance Education：薬物乱用抵抗教育）は，青少年を対象とした薬物使用予防プログラムとして，米国でもっとも知られているものの1つである。1980年代に開発された当初，DAREプログラムは目覚ましい効果を見せていた（Dalton, Elias, & Wandersman, 2007）。しかし1990年代以降，DAREプログラムには青少年の薬物使用を防ぐ効果がないとする研究結果が数多く報告されるようになっている（Wandersman, 2003）。最近では薬物使用の予防に効果的とされているプログラムはDARE以外にも数多く知られるようになっているが，それでもなお，全米の学校の80％では今でもDAREプログラムが実施されている。

　もともとは効果があったはずの DARE プログラムは，なぜ効果を発揮しなくなったのだろうか。時代や参加者の変化など様々な理由が考えられるが，Wandersman（2003）は特に，「サービス提供システムの不備」と，「DARE プログラムが要求する条件と実際のコミュニティの状況との不一致」が大きな原因と述べている。DARE プログラムのようなベスト・プラクティスでは，プログラムの中で実施する活動の内容や必要な資料，実施手順等が詳細に定められている。しかし，実際に実施する際に必要な人的，経済的資源について触れているものは少ない。例えば，講義を行う人の資質や資格，学歴等はどうだろうか。薬物が体に害を及ぼすメカニズムについて説明するのは，科学者や医師など専門的な知識を持つものであるべきなのか，それともマニュアルに従って担任教員が話をすればよいのだろうか。誰が話をしても効果は同じなのだろうか。こうした細かな条件まで，個別に効果を検証し，マニュアルに記載することは不可能に等しい。しかし結果として，プログラムを実施する現場で準備できる資源の範囲内でマニュアルが解釈され，実施されてしまう。ときには限りある資源の都合から，現場の判断でプログラムの中で最も重要な部分が実施されないというケースが生じ，プログラムが失敗に終わってしまう。つまり，ベスト・プラクティスが期待された効果を発揮しないというとき，その原因は，ベスト・プラクティス自体に問題あるケースもあれば，ベスト・プラクティスが求める条件が高すぎるために現場で完全に再現できないことにあるケースも考えられるのである。

科学と実践のギャップ

　DARE プログラムの例からわかることは，プログラムは，科学的に厳密に効果が示された手法を組み合わせたものであると同時に，現場で実施可能なものでなければならないということである。Wandersman（2003）は科学的厳密さと，実践現場の現状を「科学と実践のギャップ」と呼び，次の4つのギャップがあると述べている。

　科学的研究によって明らかにされたベスト・プラクティスの効果と，現場の実践者が行う実践の効果のギャップ　ベスト・プラクティスを開発する科学的研究では，プログラムの効果に影響を及ぼしうる様々な状況や不確定要素を厳密に統制，排除した上で効果を検証する。例えば科学研究では，複数回の活動すべてに参加した人のみを分析対象としたりすることもある。しかし現実の実践現場では，参加者が途中から出席しなくなったり，飛び石状に参加したりというケースは珍しくない。さらには，プログラム実施中に，予測不能な事件が発生することもある。このように，現場では取り除いたり統制したりできない要因がプログラムの効果に影響を及ぼしうる。

　研究成果としてのベスト・プラクティスと，現場の状況に合わせて実施された実際のプログラムのギャップ　ベスト・プラクティスの内容や要素が，現場の状況に合わせて解釈され変更されたり，時に省かれてしまうこともある。このように現場に適合させる過程で，プログラムが効果を発揮する上で欠かせない要素が失われてしまう可能性がある。

　一般的な対象者で行われている評価研究と，実際の対象者における変化とのギャップ　ベスト・プラクティス開発を目指す評価研究は，結果を一般化するために，母集団から無作為に抽出した対象者に対して実施される。しかし，実際の実践現場の参加者は無作為に選ばれた人ではない。「特に問題が重篤（リスクが高い）ために参加を強く勧められた（強制された）人」，「自ら進んで参加を申し出た人（変化への動機づけが高い人）」など，参加者が特定の性質を持っていることも多い。その結果，効果の発現のしかたが「一般的な人」とは異なる可能性がある。

　ベスト・プラクティスの開発を目指す科学研究と，実践現場でのステークホルダーの役割のギャップ　プログラムの開発や実践には，研究者（評価者），プログラムの実践者，参加者，資金提供者など様々なステークホルダーが関わっている。科学研究では，各ステークホルダーの目標や思惑，役割はある程度明確に決まっている。しかし，実践の現場にいるステークホルダーの目

標や役割は科学研究ほど明確に決まってはいないため，それぞれの目標意識や思惑の違いによって，プログラムの内容が変えられてしまうことがある。

科学と実践の架け橋

　科学と実践のギャップが生まれる原因の根本は，研究者や評価者，プログラム実践者，参加者など，様々なステークホルダー間のコミュニケーションと相互理解の不足にあるといわれている。ステークホルダーはみな，それぞれ異なる目的意識，思惑，期待，感情を持って，プログラムに関わっている。例えば，資金提供者の関心の中心はコストであり，プログラムの効果とコスト削減とのトレードオフを求めてくることがある。しかし，プログラムの参加者や受益者は，コストは問題ではなく，プログラムの効果が高まることを望んでいる。さらにプログラムの実施に携わっている人は，プログラム評価を内心，憎んでいることも多い。プログラムが上手くいっているかどうかという科学的な探究を，自分たちの努力を測っているもののように感じるのも無理はない。通常，科学研究では無視される（排除される）こうしたステークホルダー間の違いが，現場では，プログラムの結果を左右しうるのである。これこそが，科学と実践のギャップ正体である。

　科学と実践のギャップに架け橋を作る方法として Wandersman（2003）は，4つの方法を提案している。第一に，ベスト・プラクティスを，完全無欠な実践マニュアルとして扱うのではなく，より良い実践の方向性を指し示すガイドラインとして使用すること，第二に，ベスト・プラクティスに表されている科学的知見を誤りのない事実として上位に見るのではなく，現場の実践者，参加者，そのほかプログラムに関わるステークホルダーの知識や経験をプログラムに適切に反映させること，第三に，現場のステークホルダー自身がプログラムの自己評価に携わることで，プログラム改善への動機づけを高めるとともに，現場の知識や経験を生かしたプログラム改善を目指すこと，第四に，科学研究の中で，プログラムを現場に適合させ，定着させるための

コミュニティのことを一番よく知っているのはコミュニティにいる人である。

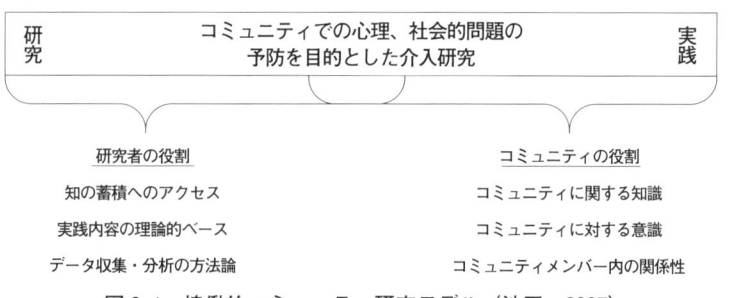

図 3.1　協働的コミュニティ研究モデル（池田，2007）

方法やスキルに関する研究を進めること，である。これらの方法は，いずれも実践現場の状況を理解し，実践現場の人々がプログラムの計画，実施，評価に携わることで，現場の状況や特性を生かしたプログラムの実践を目指している。コミュニティの問題に対する意思決定にコミュニティの人が参加をするという考え方はコミュニティ心理学の中核要素の 1 つであり，意思決定に参加することこそが，コミュニティの自律的発展の原動力となるのである。池田（2007）はコミュニティの参加に基づくプログラム開発，実践モデルを「協働的コミュニティ研究モデル」として提案している（図 3.1）。

第 4 節　評価へのコミュニティ参加

　心理・社会的プログラムに対するコミュニティ参加の重要性は Wandersman（2003）以前から議論されており，プログラムの計画や実施におけるコミュニティ参加はすでに数多く試みられている。しかし，プログラムの評価に対するコミュニティ参加は，現時点であまり進んでいるとは言えない（Dalton, Elias, & Wandersman, 2007）。その理由として，Dalton, Elias, & Wandersman（2007）は，以下の 4 つを挙げている[3]。

1．プログラム評価は，実践者に不安や恐怖を与えている
2．プログラムの実践者は，評価の手法について詳しくない（と専門家が思い込んでいる）
3．評価は，本来ならばプログラムに使えるはずの時間や資源を使ってしまうため，プログラム実践の邪魔になる（と実践者が思い込んでいる）
4．プログラム評価の結果が，プログラムを快く思っていない人たち利用されてしまう（と実践者が思い込んでいる）

　これらの理由の中には事実もあるし，単なる思い込みの場合もある。いずれにせよ，こうした懸念や恐怖が生まれてくる背景には，第一に，伝統的な評価（評価研究）における実証性，科学性の重視がある。狭義の科学的な評価研究が目指しているのは，プログラム（の中個別の活動内容）と生じている変化との客観的な結びつきの解明であり，現場や人々の特徴を越えて評価（研究）の結果を一般化することである。科学性，客観性は，信頼でき説得力のある評価には不可欠であるが，一方で，科学性，客観性を追い求めた評価は，ときにプログラムに関わる人，特にプログラムの実践者が公にしたくないと感じるようなプログラムの問題点を必要以上に明らかにしてしまうことがある。事実を隠蔽したり，評価に手心を加えたりすることは決してあってはならない。しかし，客観性を重視するという姿勢が「評価結果の解釈という主観に踏み込まない」という方向に向かってしまうと，プログラムの実施や継続を望まない人々が，自分たちの主張を支持する材料として評価結果を都合よく解釈し，利用することを可能にしてしまう危険性が生じる。これは，プログラム実施者が最も避けたいものであろう。

　さらに評価をされるということは常に，否定的な評価結果が提示される可能性を有している。Donaldson, Gooler, & Scriven（2002）は，思わしくない評価結果が顕在化するのではないかという不安をプログラム評価における評価懸念と表現し，評価懸念を抱いた結果，プログラムのステークホルダーが

---

3 括弧内は，筆者が加筆した。

評価の実施に対して消極的になったり，評価結果の活用を躊躇するという現象が生じると述べている。

　また，評価を実施するためには，実験計画法，社会調査法や統計解析法など，ある程度，専門的な知識や技術が必要となる。専門的といっても心理学や社会学など関連する領域の大学生が学ぶ程度のものがあればよい。また，実施者が自分たちのプログラムを評価するような場合には，プログラム評価一般に関わる広範囲の知識や技術は不要で，特定のプログラムの評価に必要な範囲で知識や技術を獲得すればよい。実際にはプログラム評価の手法はある程度，定式化されており，専門的といっても極めて高度な知識や技術というわけではない。しかし，プログラムを実施している人々がみなこうした知識や技術を持っているわけではないし，獲得の機会が多く用意されているわけでもない。

　加えて，これまでプログラム評価を行うのは外部の評価者であることが多かった（Chinman, Imm, & Wandersman, 2004 井上・伊藤・池田・池田（訳）2010）。つまり，評価の目的も方法も指標もすべて，外部評価者が定めてきたのである。この背景には，プログラムに関わる人，すなわち内部者がプログラム評価に参画することで客観性が損なわれるという考えや，現場のプログラム運営者は評価を行う知識や技術を持っていない（と外部評価者が思い込んでいる）ことなどが影響している。そして，外部評価者はたいてい評価を職務として行っており，自らが得ている報酬に対するアカウンタビリティとして評価を行うのである（Rossi, Lipsey, & Freeman, 2004）。つまり，外部評価者が行う評価は，先に述べた客観性を追求したものか，もしくは，評価のための資金を支払っている人の意向を受けたものか，どちらかに陥りやすい状況にあるのである。いずれの状況であったとしても，プログラムを実施している現場の人々の意図を汲みとった評価を行うのが困難であることに変わりはない。

　評価の重要な目的の1つが，プログラム改善である。言い換えればプログラム改善のためには，評価が適切に行われ，評価結果が有効に活用されなけ

ればならない。評価の客観性や科学性は評価情報の価値を決める上で重要である。私情を挟まない外部評価にも大きな意味がある。しかし，評価の客観性や科学性のみを重視し外部評価だけに頼ると，実際にプログラムを実施している人々は，評価に対する不安や不満を感じ，評価に疲れ，評価の実施や活用に対して消極的になり，結果として価値ある評価情報を取り出すことも，評価情報が活用されることもなくなってしまう。従って，現場のプログラム実施者が評価に参画することが重要であり，プログラム実施者が評価へ不安や不満を感じることなく評価に参画できるような，体制づくりと手法が必要となるのである。

参加型評価モデル

　プログラムに関わるあらゆるステークホルダーが評価に参加することをめざして，**参加型評価**と呼ばれる評価アプローチが提案されている。一言に参加型評価と言っても，ステークホルダーの立場や位置付け，態度，つまり，ステークホルダーが評価のどの部分に対してどの程度，参加するかによって複数のモデルがある。そのうち**実用重視型評価**（utilization-focused evaluation; Patton, 1997），**協働型評価**（collaborative evaluation; Rodriguez-Campos, 2012），そして**エンパワーメント評価**（empowerment evaluation; Fetterman, 1996）は，参加型評価の代表的なアプローチとして知られている。実用重視型評価は，その名のとおり，評価結果を利用することを主眼に置いた評価モデルである。実用重視型評価では評価を行うだけでは無意味と考え，評価結果を誰が，何に利用するかをあらかじめ明確に定めたうえで目的に即した評価を行うことを重視している。従って，実用重視型評価を実施する際，評価者は，評価の利用者のニーズに耳を傾け，ニーズを実現するために最適な評価指標や手法を提案するコンサルタントとしての役目を果たすことになる。提案された評価指標や手法について吟味し，どれを用いるかを決定するのは評価の利用者であるが，実際に評価データを収集するのは評価者の役目であり，評価デー

タの解釈に対しても専門的見解を提供することになる。

　協働型評価は実用性重視型評価よりも，もう少し，ステークホルダーの主体的関与を求めている評価モデルである。協働型評価では，評価者とステークホルダーが同じテーブルにつき，評価に関わるあらゆる意思決定に対して同等の権利と義務，責任を共有するモデルである。実際の意思決定の場面では，評価者は評価に関する専門的な知識や技術の面で貢献し，ステークホルダーは実践を行っている現場や対象者に関する知識の面で貢献する。目標や評価指標の設定，データの収集と分析，結果の解釈など評価に関わるあらゆる作業を協働で行うことで，評価者はプログラムに関わる理論や現場，対象者についての知見を得ることができ，ステークホルダーは「評価という作業を協働して行うことができるように訓練」(O' Sullivan, 2004) されていくのである。

　ここまで紹介した2つの代表的な参加型評価モデルは，いずれも評価に対するステークホルダーの参加を求めている。評価に参加し，意思決定に関わる機会を与えられることで，結果としてステークホルダーが評価に対して前向きになり，積極的，主体的に評価を行いたい，評価に参加し評価結果を活用したいと望むようになるかもしれない。しかし，ステークホルダーの評価に対する積極性や動機づけが高まることは，上の2つの評価にとって「望ましい長所ではあるが，必要条件ではない」(Fetterman, 2003)。そのため，ステークホルダーが抱く評価に対する不安や不満を払拭し，評価に基づくプログラム改善に対して積極的になること自体を目指す評価モデルが求められるのである。

エンパワーメント評価[4]

　エンパワーメント評価は，プログラム実践者の自己決定を最大限に重視す

---

[4] エンパワーメント評価という言葉を「エンパワーされた程度を評価すること」という意味で用いているケース (Fujikake, 2008など) もある。

る，画期的な評価モデルと言われる（Dugan, 1996; Fetterman, 1996; Linney & Wandersman, 1991; Stevenson, Mitchell, & Florin, 1996など）。エンパワーメント評価とは，プログラムのステークホルダー，特にプログラムの実施者とプログラムの参加者自身が，自分たちのプログラムの自己評価を行うモデルである。自己評価は，伝統的な外部評価（他者評価）よって生み出される評価懸念を打ち破るものであるが，それと同時に自分たちが実施しているプログラムについて自らの手で評価を行い，その評価結果に基づく改善を行うことで，プログラムに対する所有感を高める効果を狙っている。人は生来，自分の行動を自分で決定したいという欲求がある。そのため，他者によって決定された行動に対しては，それがたとえ正しい決定だとしても，心理的抵抗感を感じ，反発をする。評価についても同様で，プログラムの問題点や改善策を外部から指摘されるよりも，自らが見出した方が，改善へ向けた行動に対してより積極的になる。つまり，評価の実施と評価結果に基づく改善に対して積極的に働くサイクルが生まれ，その結果，プログラムの効果が高まるようになると考えられる。これがエンパワーメント評価というアプローチの基本的な発想である。

　エンパワーメント評価は，これまでに時代や人により，若干異なった定義がなされている（表3.2）が，これらの定義に共通する要素として，2つの点が挙げられる。まず，エンパワーメント評価は「評価である」という点である。自明なことのように思えるかもしれないが，自己評価という発想を導入する際には，これは非常に重要な点となる。自己評価を実施するということは，プログラムを実施している人々自身が評価という包括的な取り組みを実施するということである。先に述べたように，科学的な評価を実施するためには，ある程度の専門的な知識や技術が求められる。裏を返すと，エンパワーメント評価とは，十分な専門知識や技術を持たないと思われる現場の人々が，科学的な評価を実施することを可能とすることを目指したアプローチであるといえる。2つめは，エンパワーメント評価では，現場の人々が，

表3.2　エンパワーメント評価の諸定義

Fetterman（2001, p. 3）
　改善や自己決定を促進するために，評価の概念，技術，結果を活用すること

Wandersman（1999, p. 96）
　プログラムの計画，実施，評価を行うためのツールをプログラムの計画をしている人に提供し，プログラム実施者自身が計画の改善，質の高いプログラムの実施，結果の表か，継続的な改善システムの構築を行う機会を得て，その結果としてプログラムが成功する可能性を高めること

Wandersman et al.（2005, p. 27）
　①プログラムのステークホルダーに計画，実施，自己評価のためのアセスメント・ツールを提供し，②評価をプログラム／組織の計画と管理の中心に据えることによって，プログラムが成功する可能性を高めるための評価の方法

評価に関するすべての権利，義務，責任を有するという点である。つまり，プログラムの計画から実施，評価，改善までのすべての過程を，現場の人々自身が行うのである。1つ目の点と同様に，十分な専門知識や技術を持たないと思われる現場の人々が，これらすべてを実行可能としようとするのが，エンパワーメント評価である。

　エンパワーメント評価におけるエンパワーメントは，プログラムに関わるステークホルダーの参加を求め，意思を尊重するという，その他の参加型評価にも見られる手法だけで実現を目指しているわけではない。プログラムに関わる人々は，自己決定によるプログラムの運営と改善とともに，自分たちが決めて行ったプログラムの成果を自分たちの手で評価し，成果を自分たちの目で確かめることになる。このとき得られた成果が目標を達成していれば，プログラムのステークホルダーは，大きな自己効力感を得ることになる。また，たとえ思わしい成果が得られなかったとしても，自らの手でプログラムのプロセスとアウトカムの評価を行うことで，他者からの評価される不安を抱くことはなく，また自らが行った決定過程の課題を自分たちの手で見出すことに繋がり，改善への動機づけが高まると考えられる。このような，プログラムのすべての過程に対して自分たちが影響力を発揮できるという意識が

生まれることが，エンパワーメント評価におけるエンパワーメントの意味することである。ただしエンパワーメント評価は，単一のプログラムの評価を行う単発の手法ではなく，過程と理解するべきであることに注意したい。初期段階では，プログラムを行っているステークホルダーはプログラムの開発や計画，評価に必要な知識やスキルを必ずしも十分に持っているとは限らない。エンパワーメント評価を繰り返し実施する中で，適切な意思決定や評価に必要となる知識やスキル（評価キャパシティ）を次第に獲得し，より質の高いプログラムの実施と評価を実現できるようになるとともに，時間をかけてエンパワーされているのである。

　また，第3節で述べたように，いかに効果が保証されているように見えるベスト・プラクティスであっても，実施される現場の多様な状況やニーズ，人の思いを勘案することなく望まれる成果を導き出すことは困難である。参加型評価手法の1つであるエンパワーメント評価によって現場の状況をもっともよく知り，問題の解決や予防を一番に重視しているステークホルダーがプログラムの過程に関与することで，プログラムが成功する可能性が高まると考えられる。

エンパワーメント評価の10の原理

　エンパワーメント評価を特徴づける要素として，10の原理が提案されている（Fetterman, 2005; Wandersman et al., 2004; Fetterman, 2015）。エンパワーメント評価理論の発展に伴い原理の名称や内容が時期によって若干変化しているが，ここでは最も新しい Fetterman（2015）を基に10の原理を紹介する。

　1．改善（improvement）　プログラム評価は，根源的にプログラムの改善に寄与し，期待される結果を導き出すことを目指している。またプログラム自体も，人々の生活の質を改善することが根源的な目的である。従ってエンパワーメント評価でも，プログラムの改善を通した生活の質の改善が最重要事項となる。

　2．**コミュニティによる所有**（community ownership）　プログラムの計画，実施，評価，改善のすべての過程がコミュニティのものであるというのが，エンパワーメント評価の考え方の基本である。従ってコミュニティ・メンバーによる意思決定がプログラム評価において最も重要な要素であるとともに，プログラム評価に対する責任もまた，コミュニティ・メンバーにあると考える。

　3．**包含性**（inclusion）　コミュニティによる所有と関連する原理であるが，包含とは，もっと実際的な意味で，コミュニティ・メンバーが意思決定の場に参加することを意味する。

　4．**民主的参加**（democratic participation）　意思決定の過程では，すべてのステークホルダーが同等の権利を有していることが大切である。プログラムに関わるステークホルダーの中には，社会的地位や権力などの差が存在しうる。しかしエンパワーメント評価の実施に当たっては，力を持つ特定のステークホルダーが強い影響力を行使するのではなく，すべてのステークホルダーに対して均等に機会が与えられることが必要である。

　5．**社会正義**（social justice）　プログラムの成功は，広く社会的な利益とならなければならない。あるプログラムの成功が，他の場所の不利益になってはならないのである。エンパワーメント評価では，あらゆるコミュニティの利益の実現を目指している。

　6．**コミュニティの知識**（community knowledge）　エンパワーメント評価を実施するにあたって，実際上，最も大切な要素である。プログラムが実施される現場のことを一番よく知っているのは，プログラムの現場の人である。評価の専門家ではない。従って，コミュニティに存在している知識（コミュニティのニーズや資源，文化的，歴史的背景など）を取り入れずに，コミュニティに根差したプログラム評価を実施することは不可能である。

　7．**科学的根拠に基づく方法**（evidence-based strategies）　エンパワーメント評価は科学的評価を放棄しているわけではない。エンパワーメント評価に

おいても科学的な手法による評価を実施することは欠かせない。コミュニティ・メンバーが科学的手法による評価を実施できるようにすることこそが重要なのである。

　8．**キャパシティ開発**（capacity building）　エンパワーメント評価の開始当初は，コミュニティのメンバーは，評価を実施するために必要な知識も技術も持っておらず，評価専門家の支援が必要かもしれない。しかし，エンパワーメント評価の実施を繰り返すことを通して，評価の実施（体系的なプログラムの計画，実施，評価，改善）に必要な知識や技術，すなわちキャパシティを向上していくことが可能となる。

　9．**組織的学び**（organizational learning）　一人ひとりのキャパシティ開発が，組織レベルでの評価の実施，活用に変化を及ぼす。評価を実施する能力が向上し，評価が改善へ活用できることを実感するにつれて，評価が組織のあり方，組織運営の中心となることが期待される。

　10．**アカウンタビリティ**（accountability）　狭義のアカウンタビリティは，資金提供者に対する費用便益の説明を指している。しかし，エンパワーメント評価におけるアカウンタビリティは，プログラムに関わるあらゆる人々に対して，プログラムが効果を発揮するメカニズムや，プログラムを実施することの価値を説明する責任を意味している。

実践の中でのエンパワーメント評価の原理

　これらの10の原理はエンパワーメント評価を特徴づけ，評価実践の指針となるものであるが，すべての原理を完全に達成，反映させることがエンパワーメント評価の必要条件ではない（Fetterman, 2005; Fetterman, 2015）。実践場面には，現場ごとの雰囲気，妥協，緊張や対立関係があるため，すべての原理をはじめから（そして，時に最後まで），忠実に実現することは困難である（Fetterman, 2005）。また，エンパワーメント評価が目指しているエンパワーメントとは，「人々がコントロールを獲得し，必要な資源を手にいれ，自ら

の社会的環境をクリティカルに理解しようとする試み」（Zimmweman, 2000, p.46），すなわち継続的な過程であり，ある一時に外的にパワーが付与されるようなものではない。例えば，エンパワーメント評価の原理のうち，意思決定への主体的関与を意味する「民主的参加」は，エンパワーメントの過程が目指す成果の典型といえる。ここで，民主的参加を重視することを標榜し，意思決定の場へステークホルダーが参加するために扉を開いたとしても，それだけでエンパワーメントが成立したことにはならない。意思決定に効果的に参加するために必要な知識やスキルの獲得，意思決定への参加が自分やコミュニティによって重要，必要かつ意味があることであるという気づきといった個人内，個人間の過程を経て，はじめて意思決定への主体的参加という行動が起こるのである（Zimmerman, 1995）。

　エンパワーメントの過程をエンパワーメント評価に当てはめてみると，エンパワーメント評価アプローチの導入開始時点では，コミュニティの人は，自分たちが評価に積極的に関わりたいという意志や欲求，あるいは関わることに意義があるという認識を持っていないかもしれない。たとえそうした欲求や意識を持っていたとしても，評価を実施するための知識や資源が備わっていなければ，実際に評価活動への主体的な参加は困難である。そのため，特に初期段階では，評価の専門家が積極的に関与し，コミュニティが評価に対する知識やスキル，気づきを得ること，すなわち評価キャパシティの獲得を支援する必要がある（Wandersman, 2009）。専門家とコミュニティの人々の双方がエンパワーメント評価の原理の実現を目指して評価実践を繰り返す中で，次第に評価に対する所有感の高まりや評価技術の向上が人々の中で進んでいき，次第にエンパワーメント評価の原理が，実践に反映されて行くようになるのである。つまりエンパワーメント評価の原理とは，評価をコミュニティの手に渡していくための方向性を指し示す，ガイドラインとして捉えるべきものといえよう。そのためエンパワーメント評価を行う中では常に，評価の実践主体は誰か，評価が組織の中に根付いているかを見ながら（Dalton,

Elias, & Wandersman, 2007），それぞれの原理がどの程度，実現されているかをモニターすること（Wandersman, 2003）が大切なのである。Fetterman (2005) は，エンパワーメント評価の原理実現をモニターする参考資料として，各原理に対する，専門家，プログラム実践者，資金提供者という異なる立場のステークホルダーのコミットメントの程度を三段階（高・中・低）設定し，プログラムの実践や評価に対して，コミットメントの程度ごとに，それぞれ典型的にどのような行動や関与がみられるのかをまとめており（Fetterman, 2005, pp.55-72, Table 3-1），適切な査定がエンパワーメント評価の成否にかかわると述べている。

エンパワーメント評価の実践方略

　エンパワーメント評価は，評価の専門家とプログラムのステークホルダーの立場や役割，そして，何を目指すかを方向づけるガイドラインである。つまり，評価指標やデータ収集の方法など実際に用いられている手法がどのようなものであっても，エンパワーメント評価の10の原理の実現を目指して行われているプログラム評価は，すべてエンパワーメント評価である。そのため，エンパワーメント評価を実際に実施する具体的な実践手法として様々な方法が提案されているが，中でも Getting to Outcomes™（GTO: Chinman, Imm, & Wandersman, 2004 井上・伊藤・池田・池田（訳）2010[5]）は，プログラムの計画，実施，評価，改善までを包括する詳細な手法として注目されている。GTO は，①ニーズ・アセスメント，②目標設定，③ベスト・プラクティスの選択，④現場への適合，⑤キャパシティの査定と開発，⑥実施計画，⑦プロセス評価，⑧アウトカム評価，⑨改善，⑩プログラムの維持，継続の10のステップを順番に進めていくことで，科学的なプログラム評価を進めていけるよう構成されたモデルである。GTO には，各ステップをどのように

---

[5] Getting to Outcomes 及び GTO は，RAND 並びに University of South Carolina による登録商標です。

進めるのかを詳しく解説したマニュアルを中心に，各ステップの実施に役立つワークシートや情報源のリストなどが付録されており，十分な知識を持たない現場の実践者でも，簡単に体系的なプログラム開発，評価を実施できることを目指している。まさに，評価に関わる全てを現場の人々に提供する手法といえる。

さらに Wandersman（2009）は，単に GTO のマニュアルやツールを現場に提供しただけでは，適切な評価を実践することは難しく，評価を通したエンパワーメントを実現することができないという経験から，GTO システムモデルを提案している。GTO システムモデルでは，コミュニティや現場が持つ現在の知識や能力の査定に基づき，研修や技術的支援，実践・評価ツールの開発，改良支援などの支援体制を設けることで，プログラムの成果を高めることを目指している。GTO システムモデルは，後に現場主導のプログラムと評価システムの開発と実践を支援する包括的なモデルである，相互作用システムフレームワーク（interactive systems framework; Wandersman et al., 2008; Flaspholer, Lesene, Puddy, Smith, & Wandwersman, 2012）へと大きく発展をしている。また Wandersman とともにエンパワーメント評価を開発，発展と普及を進めている Fetterman も，エンパワーメント評価の実施を進める実践方略を多く紹介しているが（Fetterman, 2005），これらの実践方略はすべて，特に初期段階では，エンパワーメント評価の原理そのものの意味や意義を理解していないコミュニティに対して，専門家が支援者として積極的に関与しながら，徐々に評価実践の主体をコミュニティに手渡してくものとなっている。GTO システムにおける支援者は，エンパワーメント評価の中では，一般に，"批判的友人（critical friend）" と呼ばれている。批判的友人とは，現場によるエンパワーメント評価の実施を支援する評価専門家のことを指しており，評価の過程での様々な問題に対して建設的に支援をしながら，評価の科学性や正確さを保つ役割を担っている（Fetterman, 2015）。

エンパワーメント評価は2000年代入り，理論的にも実践的にも大きな発展

を遂げている。エンパワーメント評価は，単なる実践手法の枠を超え，評価や理論の専門家である研究者と，コミュニティや現場の専門家である現場の人々との対話をつなぐツールとして寄与するものである。米国で開発されたエンパワーメント評価を日本の学校に適応できるかについても，すでに複数の報告がなされている（米村，2007；池田・池田，2009など）。学校をフィールドとし，教員のバーンアウト予防を目指す職場環境を作るプログラムを策定する上で，エンパワーメント評価のモデルが1つの有効な指針となるだろう。

　第4章以降では，ここまで行ってきたバーンアウト予防に関する理論的検討に基づき，エンパワーメント評価モデルを適用して実施した学校教員を対象とした実践研究について論ずる。

第4章　実践プロジェクトの概観[6]

　第2章では教員の職務ストレスについて，第3章ではプログラム開発，評価について，理論的側面から検討を行った。第4章から第8章では，これらの理論的検討に基づいて筆者ら[7]が行った実践研究プロジェクトについて紹介する。はじめに本章では，2年にわたるエンパワーメント評価モデルに基づく教員のバーンアウト予防プロジェクトの背景と，全体像について述べる。続いて第5章から第7章では，実際に教員のバーンアウト予防のための取り組みについて述べていく。第5章では，プログラム開始前に行った事前の予備的調査の結果について，第6章ではプログラム開始以降に行ったプログラム評価の結果を検討していく。第7章ではプロジェクト全体のプロセスを振り返り，プロジェクトが目指していたエンパワーメント評価モデルに基づく教員のバーンアウト予防が，実際に現場でどのように行われ，またステークホルダーはどのような思いや考えをもってプロジェクトに関わっていたかについて，ステークホルダーへのインタビューに基づいて考察する。

第1節　本プロジェクトの政策的背景

　ここで紹介する教員のバーンアウト予防プログラムは国レベルの教育行政と直接関わるものではないが，密接に関連したものである。複雑化，多様化の一途であった教育に関わる諸問題に対して，文部科学省は1997年に「教育

---

6 本章以降，実践研究全体を「プロジェクト」，プロジェクト2年目に各学校で行われた取り組みを「プログラム」として区別することとする。
7 本プロジェクトは本書の著者と池田琴恵（現・東京福祉大学講師）が共同で実施したものである。以降，単数形で「研究者」と記した場合であっても，2名の共同研究者を指すこととする。

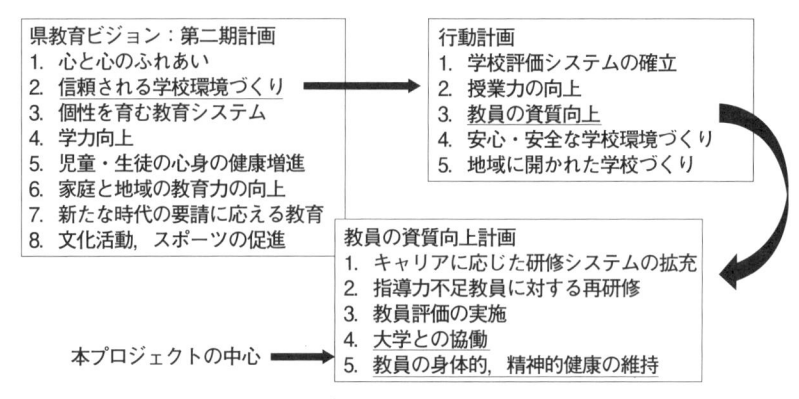

図 4.1　県教育ビジョンと学校でのアクションプラン

改革プログラム『教育立国』を目指して」を策定した。そして，これに伴って都道府県，市区町村，各教育委員会は，具体的なアクション・プランを策定することとなった。本プロジェクトが行われた某県教育委員会でも図 4.1に示すような13か年計画の教育改革プランを策定し，実行に移すことになった。本プロジェクトが行われたのは，この改革プランの第二期にあたる。第二期の重要な目標の1つが**信頼される学校環境づくり**であり，その重点課題の1つに，教員の資質向上の促進が掲げられた。こうした県レベルの教育委員会の改革プランに基づき，市区町村レベルの教育委員会もまた，各自治体に応じた改革プランの1つとして，学校の運営で重要な役割を持つ教頭による教員の資質向上マネジメントを設定することとなった。本プロジェクトはこうした政策的背景のもとに行われた。

第2節　プロジェクト開始の経緯

このような政策的背景のもと，某市の公立小・中学校教頭会は，某市教育委員会から教員の資質向上に関する研究指定を受け，200X 年の秋と200X＋1年の秋にそれぞれ，その地方の教頭会研究集会で，研究成果を発表するこ

ととなった。このとき，某市教頭会の教頭らは，教員の資質向上という抽象的な研究テーマのもと，どのような研究課題を持ち，どのように研究を進めるべきか困惑していた。当時の教頭会の研究担当メンバーの一人が，偶然，著者ら研究者と以前から個人的な交流があったため，研究の支援を求めて著者らに連絡をしたことが，本プロジェクトを開始した契機である。

　研究者は，現場主導の予防プログラムの実施を目指すコミュニティ心理学を専門としていたため，「教員の資質向上」というテーマから「現場が主体的に取り組む教員のメンタルヘルス向上プログラムの実践」を構想し，200X 年春，初めて出席した教頭会の会議の席で紹介した。このとき，教頭会が研究者に期待していたのは，ごく一般的な教育学的，心理学的視点での調査研究を研究者が実施し，その研究成果をそれぞれが，それぞれの立場で使用することであった。つまり，教頭会が研究者に研究フィールドを提供し，研究者が行った成果の一部を，教頭会が地域の研究集会で発表するという程度のもので，その後，約2年にわたる予防プログラム実践に教頭ら自身が主体的に関わることは全く想定してなかった。そのため，初回の会議の席で，研究者の構想に興味を示す教頭は，ほとんどいなかった。

　プロジェクト中盤でインフォーマルに耳にしたことであるが，当時，その場にいた教頭の多くは，教員の資質という言葉に対して，教師としての適性の問題と捉えており，研究者の提案を理解することは容易でなかったようである。しかし教頭会の研究担当者の中に数名，教員の資質を個人の適性の問題に帰するのではなく，学校という職場環境の向上という視点から見る研究者らの着想に強い関心を示した人がおり，その教頭らを窓口として，研究者らの考えた予防実践へ向けた取り組みというプロジェクトを開始することになった。プロジェクト開始直後は，研究者らの提案に対して積極的に反対する教頭はいなかったものの，教頭会全体の雰囲気として，「研究者任せ」というスタートであった。こうした状況で始まったプロジェクトではあったが，同じ目標を目指して取り組むパートナーシップとしての関係が次第に作り上

げられ，200X 年の冬ごろには，参加している教頭らの積極的，主体的な関与を得ることができるようになった（詳細は第7章および，池田（岡崎）・池田・山内・玉井・渡辺，2009を参照）。

第3節　プロジェクト推進の指針

　本プロジェクトは第3章で述べたエンパワーメント評価モデルや協働的コミュニティ研究のモデルに則り，教頭らが主体となって実施することを最重要方針とし，研究者は，プロジェクトの実施を支援する立場（批判的友人）に徹することとした。この際，特に重視した点の1つ目が，教頭と研究者がプロジェクトを進める対等なパートナーとなることである。協働的コミュニティ研究モデルを見ると分かるように，心理学研究の理論，方法については研究者らが専門家であるが，一方で学校という研究現場については教頭らが専門家である。プロジェクトを進めるにあたっては，専門家同士がそれぞれの専門性を発揮しながら共通目標を目指すということを，明示的，暗示的に強調した。これは次に述べる民主的意思決定を可能とするためにも最も重要な下地作りとなった。対等な関係にある者同士でなければ，真の意味で民主的な意思決定は不可能である。例えば，心理学的変数を調査する調査項目の案を研究者が提示したとき，「研究者という専門家からの提案」という一方向的関係しかなかったとしたら，提案内容に対して「非専門家」は冷静で建設的な意見表明を行うことは困難である。ここで，教頭らが「自分たちは学校の専門家である」という自負を持ち，同時に研究者が「学校の専門家から意見を得る」という心構えをすることで，対等で建設的な意見交換が可能となった。例えば，調査項目の文言の中に学校での使用が不適切と思われるものがあった時，単に「この言葉は不適切である」と反対されるのではなく，それ以前の正確な理論の理解に基づき「代わりにこのような言葉では，どうだろうか」と言った，提案を教頭らから得ることができた。

　専門家同士のパートナーシップ作りと民主的な意思決定に関わって大切にしたもう一点は，「専門的な内容についても，簡略化や省略をすることなく説明する」ことである。プロジェクトの中では，専門用語や調査の統計分析結果などの学術用語をそのまま使用した。途中，例えばソーシャルサポートを「助け合い」という言葉に置き換えようとした教頭がいたりもしたが，それでもソーシャルサポートという言葉を使用し続けた。一般に学術用語や専門的な内容については，「いかに非専門家に分かりやすく伝えるか」が重要と言われ，心理学の基礎的な研究法のテキストでも「研究内容をフィードバックする際には専門用語の使用は避けること」などと書かれている。聞く人に合わせて情報提示を簡略化したり，別の一般的な言葉で置き換えたりするという方法にも利点はあるだろう。一方で，本プロジェクトが目指している「民主的な意思決定に基づく教頭の主体的参加」を促進させる上で，簡略化や置き換えは，内容についての誤解を招いたり，場合によっては（そのような意図はなかったとしても）情報を隠ぺいすることにつながりかねない。心理学用語としてのソーシャルサポートと「助け合い」は，同じ意味ではない。この指針は，特にプロジェクト開始初期には，若干の抵抗感を招いたことも事実である。しかし，プロジェクト終了後に教頭に行ったインタビューの中では，始めは分からなかった心理学の専門用語も，プロジェクトが進むにつれて理解できただけでなく，自分たちのプロジェクトのシンボルとなる共通用語になったことが語られている。また，調査結果の統計分析について説明をした際には，それまであまり発言をしていなかった一人の教頭が，研究者と他の教頭との間に立って分かりやすい説明をするという場面があった。この教頭は中学校で数学を担当しており，その教頭の数学についての知識という専門性がプロジェクトに貢献したと同時に，プロジェクトを進める上での新たなキャパシティを見出すこととなった。つまり教頭らを専門家として尊重すること自体がエンパワーメントにつながったと言える。

　このような関係性の基盤に基づき，本プロジェクトの意思決定は民主的に

行った。これは，教頭の主体性を尊重するのとは若干，異なっている。第7章のまとめでも述べるが，プロジェクトに対して教頭らの所有感や主体性が増すにつれ，積極性が先行して評価の枠組みに沿わないプロジェクト推進へ傾きそうな場面があった。しかしその時に教頭らの意思に従うのではなく，プログラム評価や心理学研究の専門家としての研究者らの意図や考えを，教頭らが納得できるまで説明することで，両者のニーズや意図に沿ったプロジェクトの方向性を保つことができた。

　このような基本的な方針でプロジェクトを進めたが，先にも述べたように，プロジェクト開始初期からこのような方針が順調に進んだわけではない。特に1年目に実施した予備調査までは，実際には研究者の提案に対して，教頭らが意見を出しつつ従っているという状態が続いた。こうした状態は，1年目の予備調査を機に転換することとなった。予備調査の結果について説明をしたころ，ちょうど先に例として紹介した，数学を担当している教頭が統計分析について研究者と教頭との間で仲介をしたあたりから，教頭らの中で心理学研究の専門的な理論について理解することの面白さが生まれ，積極的な発言が増えた。このような関係構築が進んだ背景には，プロジェクトの内容とは直接関わらない，教頭と研究者らとの人間的な関係構築があったことも無視できない。この点については第7章のまとめで，改めて詳細に述べることとする。

第4節　プロジェクトのスケジュール

　現場の主体性を重視する方針でプロジェクトを進めたため，2年に渡るプロジェクト全体のスケジュールも開始時点で定まっていたものではなくミーティングを重ねる中で次第に決められたものである。

　開始年である200X年には，春に行った数回のミーティングの中で，まず8月に事前に予備調査を行うこととなった。この予備調査は，その時点での

教員のバーンアウトの状況についてベースラインとして把握することと，プログラムの実施に先立ち，「職場でのソーシャルサポートとエンパワーメントの促進によるバーンアウトの予防」というプログラムの理論モデルが，某市の小中学校の教員にも当てはまることを確認するという2つの目的で行われた。この事前の予備調査の分析結果については，次章で詳述する。またこの年秋には，予備調査の結果について地域の教頭会集会で発表する機会があった。

　予備調査の結果に基づき200X＋1年の秋から冬にかけて，翌年に実施するプログラムと評価のスケジュールを決定した。途中，調査を行うごとにデータ分析結果のフィードバックを教頭らに対して行っていた。またこの年の秋には，前年よりさらに規模の大きい教頭会の集会で研究成果を発表した。プログラムの内容や評価結果の詳細については第6章で詳しく述べることとする。

第5章　予備調査研究

　プロジェクト開始初年度である200X年8月に，予備調査研究を行った。この予備調査には2つの目的がある。1つは翌年のプログラム実施に先立ち「ソーシャルサポートとエンパワーメントの促進によるバーンアウト低減」というプログラムの基盤となる理論モデルの正しさを確かめることである。この理論モデルの正しさは，過去にも国内外問わず様々な研究を通して確認されている。しかし一般的な理論モデルが，本プロジェクトを実施する場所にも絶対に適用できるとは断言できない。実際に実践を行うということは，実践以外に使用することができたかもしれない様々な人的，物質的，時間的資源を消費することを意味する。プログラムの実施による資源の消費を無駄にしないためにも，実践現場でのモデルの正しさについて確認をすることが必要であろう。

　予備調査のもう1つの目的は，プログラムの効果測定すなわちアウトカム評価のために用いる尺度の使用可能性を確かめることにある。これは通常の心理学研究で論じられる尺度の妥当性という観点に加えて，実際にプログラムの中で使ってもよいかを検討することを意味する。科学的なプログラム評価を実施するためには，調査を複数回実施することもある。例えば調査項目数が多くて回答に長時間が必要となると，調査への回答が教員にとって新たな負担となり，さらなるストレッサーにもなりうる。また質問項目が侵襲的であったりすると，その調査を行っている教頭との間の関係性に影響を及ぼし，プログラムの効果が低まるどころか，プログラムの実施そのものが困難になる危険性もある。そのため本プロジェクトでは，教頭を通して調査の実施状況や，その後の感想等の情報を収集し，翌年のプログラム実施時における評価項目として使用可能か否かを検討することとした。

第1節　調査方法

調査対象者

　この予備的調査の対象者は，某市にある公立小・中学校で働く全常勤教員のうち，調査実施主体である教頭自身と，管理職である校長を除いた319名である。このうち小学校は11校201名，中学校は 5 校118名であった。回答の回収率は小学校が57.7%，中学校が61.9%，あわせて59.2%であった。回答者の属性を表 5.1に示す。性別については小学校のほうが中学校よりも女性の割合が高く，中学校教員のほうが年齢構成が若かった。回収率は高くなかったが，小・中学校それぞれの回答率が同程度であり，また年齢や性別の構成比率も母集団である全教員の比率と同等であり，十分に分析に耐えられるものであると考えられる。

調査実施方法

　匿名の質問紙調査を行った。本プロジェクトに対する教頭自身の所有の感覚を高めるため，質問紙の配布は各学校で教頭が行った。回答者には質問紙とともに返信用封筒を配布し，回答した質問紙を研究者へ直接郵送する方法で回収を行った。各学校単位で教頭が回収するという方法も検討されたが，本プロジェクトの参加校の中には比較的規模の小さい学校が多いため，回答者が調査の匿名性に疑念を抱く可能性も考えられた。教頭が主体的にプログラムを実施することを考えると，教頭と教員の間の信頼関係を維持することが極めて重要と考えられたため，最終的に郵送により回収することが決定された。

調査項目

　年齢，性別，教員歴等の基本情報とともに，以下の項目からなる質問紙を

表 5.1　予備調査の回答者

		小学校		中学校		全体	
		n	%	n	%	N	%
性別	男性	30	25.86	32	43.84	62	32.80
	女性	86	74.14	41	56.16	127	67.20
年齢	-25	3	2.59	3	4.11	6	3.17
	26-30	10	8.62	8	10.96	18	9.52
	31-35	11	9.48	9	12.33	20	10.58
	36-40	13	11.21	11	15.07	24	12.70
	41-45	25	21.55	17	23.29	42	22.22
	46-50	32	27.59	16	21.92	48	25.40
	51-55	18	15.52	7	9.59	25	13.23
	56-	3	2.59	2	2.74	5	2.65
	無回答	1	0.86			1	0.53
担任	担任せず	40	34.48	11	15.07		
	1 年生	13	11.21	26	35.62		
	2 年生	15	12.93	19	26.03		
	3 年生	10	8.62	16	21.92		
	4 年生	10	8.62				
	5 年生	7	6.03				
	6 年生	10	8.62				
	複式学級	2	1.72				
	無回答	9	7.76	1	1.37		
教員歴（年）		M	SD	M	SD	M	SD
		20.04	8.72	17.66	8.79	19.09	8.80

作成した。回答は，なお回答はすべて，「1：全く当てはまらない」から「4：とてもよくあてはまる」の4件法とした。また，本調査では，各尺度の下位因子間での関係性を明らかにすることではなく，プログラム理論として，バーンアウトに対して，ソーシャルサポートとエンパワーメント，それぞれがポジティブな影響を及ぼすことを，実践に先立って確認することが目的であるため，全項目得点を平均して尺度得点を算出し，分析対象とした。

ソーシャルサポート

　予備調査では，片受・庄司（2000）が開発した「勤労者向けソーシャルサポート尺度」を使用して，職場の人からのサポート知覚について測定した。この尺度は，情報的サポート（6項目），道具的サポート（4項目），情緒的サポート（9項目），娯楽的サポート（2項目）の4因子で構成されている。合計21項目の信頼性係数は，$\alpha = .966$であった。

エンパワーメント

　エンパワーメントを測定する尺度として，Wilson（1993）が開発した自己エンパワーメント尺度（Self-empowerment Index: SEI）を使用した。この尺度は，リスクをかける勇気（13項目），自己反省（6項目），自律性（6項目），合計25項目3因子から構成されており。人がエンパワーされた結果として得ることができる，自己の行動に対する統制感や，自律性の感覚を測定するものである。古川・尾崎・浅川・天根（2002）や迫田・田中・淵上（2004）が本尺度を日本語に翻訳した上で学校教員に対して適用しており，日本の学校教員のエンパワーされた結果の自己の行動統制を測定する尺度としての妥当性が高いと考えられる。本プロジェクトでは，古川・尾崎・浅川・天根（2002）による翻訳版を採用した。合計25項目の信頼性係数は，$\alpha = .852$であった。

バーンアウト

　バーンアウトの測定にあたっては，久保・田尾（1994）が作成した，対人サービス職用バーンアウト尺度を採用した。この尺度は，バーンアウトの測定用具として最も知られている Maslach Burnout Inventory（MBI; Maslach & Jackson, 1981a）を元に作成されたものである。MBI は広く一般的にバーンアウト測定を行う尺度として開発されているが，久保・田尾（1994）は特に，対人サービス職に特化した尺度改訂を行ったものであり，同じく対人サービス職である教員のバーンアウトを測定するのに適していると考えられる。こ

の尺度は，職務の中で感じる感情的な疲労である情緒的消耗感（5項目），バーンアウトの結果として職務の対象者を人として扱うことに対する困難感を測定する脱人格化（6項目）と，バーンアウトの対極として職務を通して得られる達成感や満たされた感覚を測定する自己達成感（6項目）の3因子で構成されている。分析の際には，他の因子と得点の解釈を容易にするために，自己達成感の項目得点を逆転させて因子得点を計算した。つまり，いずれの因子についても得点が高いほどバーンアウト傾向が高いことを表している。質問紙では過去1ヶ月間の様子をふりかえって回答を求めた。合計17項目の信頼性係数は $\alpha = .830$ であった。

第2節　調査の分析結果

　ソーシャルサポート，エンパワーメント，バーンアウトそれぞれの下位尺度得点について，学校種ごとに平均値と標準偏差を算出したものを表5.2に示す。独立サンプルの t 検定の結果，すべての尺度の下位因子得点について小学校と中学校での差は見られなかった。そこで以降，小学校のデータと中学校のデータを区別せず1つのデータとして分析を行うこととした。

　次に，本プロジェクトの理論モデルである，バーンアウトに対するソーシャルサポートとエンパワーメントの影響について検討を行う。一般的に，ある変数間の影響関係を検討する際には回帰分析を用いることが多い。しかし本プロジェクトが対象としているのは，小学校と中学校という規模，性質が異なる組織に所属する教員であり，組織の性質が異なることで，バーンアウトに対するソーシャルサポートとエンパワーメント影響力に違いがある可能性が考えられる。もし影響力に違いがあるならば，次年度に行うプログラムの内容や方法についても，組織の性質に合わせて変える必要があるかもしれない。そこで本プロジェクトではマルチレベル分析（階層線形モデル）を用いて，学校レベルの影響を加味して分析を行うこととした。

94

表5.2　予備調査でのソーシャルサポート，エンパワーメント，バーンアウトの得点

	小学校			中学校			全体		
	n	M	SD	n	M	SD	N	M	SD
ソーシャルサポート									
合計	116	3.04	.69	72	2.98	.58	188	3.01	.65
情報的サポート	116	3.09	.76	72	3.04	.70	188	3.07	.73
道具的サポート	116	3.14	.66	72	3.04	.61	188	3.10	.64
情緒的サポート	116	2.96	.72	72	2.91	.58	188	2.94	.67
娯楽的サポート	116	3.03	.82	72	2.96	.65	188	3.00	.75
エンパワーメント									
合計	116	2.85	.31	73	2.89	.36	189	2.87	.33
自律性	116	2.91	.41	73	3.03	.43	189	2.95	.42
リスクをかける勇気	116	2.70	.39	73	2.73	.45	189	2.71	.42
自己反省	116	3.12	.44	73	3.11	.48	189	3.11	.45
バーンアウト									
合計	115	2.32	.43	73	2.42	.46	188	2.36	.45
情緒的消耗感	115	2.74	.68	73	2.88	.67	188	2.79	.68
脱人格化	115	2.00	.57	73	2.16	.57	188	2.06	.57
個人的達成感のなさ	115	2.30	.47	73	2.29	.60	188	2.30	.52

マルチレベル分析とは

　マルチレベル分析は，階層線形モデル（hierarchical linear modeling）とも呼ばれ，階層的なデータを分析するための手法である。本研究では，小学校11校，中学校5校を対象に，各学校で働く教員個人から，データを収集している。このとき，一人の教員は，同時に複数の学校に所属することはない。このように，集団の中に個人があるといった二重，またはそれ以上の入れ子構造になっているデータを，階層的データと呼ぶ。マルチレベル分析とは，集団のレベルと個人のレベルの情報を適切に扱う統計手法である（Raudenbush & Bryk, 2002）。

　階層的なデータの特徴として，例えば，ある学校に属する教員は，その学校が持つなんらかの性質や特徴を共有しており，そのことで調査への回答に

共通の影響が及んでいる可能性がある。こうしたデータに対して従来の分析を用いると，個人の回答に対する個人レベルの変動因と集団レベルの変動因を適切に区別することができない。例えば，個人の得点を基準変数，説明変数として重回帰分析を行い，何等かの変数間の関係性が見られたとしても，それが「個人に見られる一般的な傾向」なのか，それとも「複数の個人が所属する集団レベルの影響が個人に反映されたに過ぎないのか」を判別することはできないのである。マルチレベル分析では，回帰分析では定数とされていた切片や固定されていた傾きを，変量効果つまり個人ごとに異なりうる値として設定し，そこに集団レベルの回帰式を導入することで，個人レベルと集団レベルの影響関係を区別することが可能となる。

Null モデル

　分析の段階としてはじめに，基準変数をバーンアウトとし，説明変数を投入しないモデル（Null モデル）の分析を行う。このモデルでは，バーンアウトの得点における個人レベルでの変動と学校レベルの変動を分割することで，加味すべき学校レベル変動があるかを検討することができる。分析を行った Null モデルの式を下記に示す。

〈レベル 1（個人レベル）〉

$$（バーンアウト）_{ij} = \beta_{0j} + r_{ij} \qquad r_{ij} \sim N(0, \sigma^2)$$

〈レベル 2（学校レベル）〉

$$\beta_{0j} = \gamma_{00} + u_{0j} \qquad u_{0j} \sim N(0, \tau_{00})$$

　レベル 1 方程式中，$（バーンアウト）_{ij}$ は学校 j に所属する教師 i のバーンアウト得点，β_{0j} は学校 j における教師のバーンアウト得点の平均値，r_{ij} は学校 j における教師 i が有している個人差を意味する。すなわち，ある学校に所属するある教師のバーンアウト得点は，その学校のバーンアウト得点の平均値と個人差との和と考えられる。同様にレベル 2 方程式中，γ_{00} はすべて

の学校のバーンアウト得点の平均値，u_{0j} は学校ごとの差（学校差）を意味する。つまりある学校の平均バーンアウト得点は，全学校のバーンアウト得点の平均値とその学校固有の差の合計となる。個人差である r_{ij} は平均値が 0，分散が σ^2，学校差 u_{0j} は平均値が 0，分散が τ_{00} で，それぞれ正規分布すると仮定されている。すなわちすべての分散が，個人レベル分散成分 σ^2 と学校レベル分散成分 τ_{00} に分割されたことになる。ここで，全分散成分のうち学校レベル分散が占める割合，すなわち

$$\rho = \frac{\tau_{00}}{\sigma^2 + \tau_{00}}$$

を求めることで，学校レベル分散の大きさ，言い換えれば階層的な分析を要するデータか否かを判断することができる。この ρ は級内相関係数（intra-class correlation coefficient: ICC）と呼ばれる。

　Null モデルの分析結果を表 5.3 に示す。この結果を見ると個人レベルの分散は0.181，学校レベルの分散は0.016であり，級内相関係数は0.081であった。データに階層性があると判断する基準には諸説あるが，教育研究でデータの階層性の問題が生じる級内相関係数は0.05-0.20と言われており（宮崎，

表5.3　予備調査の分析結果（Null モデル）

固定効果の推定

固定効果	係数	SE	t	df	p
切片（β_{00}）	2.347	0.045	52.447	15	.000

変量効果の推定

変量効果	SD	分散成分	df	χ^2	p
切片（u_{0j}）	0.128	0.016	15	29.834	.013
レベル1（r_{ij}）	0.426	0.181			
ICC	0.081				

2007; Snijders & Bosker, 1999），本研究での $\rho = 0.081$ は，非常に大きいとは言えないまでも，ある程度，学校レベル変数の影響があると考えた方が妥当であろう。

個人レベルにソーシャルサポートとエンパワーメントを投入したモデル

　次に，個人レベルの分析としてソーシャルサポートとエンパワーメントを説明変数に投入したモデルについて検討する。このモデルでは，学校レベルの変動因の影響を取り除いた個人レベルでの変数間の影響関係について明らかにすることができる。ここでは以下の方程式に基づいて分析を行った。

〈レベル 1 （個人レベル）〉

（バーンアウト）$_{ij}$

$$= \beta_{0j} + \beta_{1j}(ソーシャルサポート)_{ij} + \beta_{2j}(エンパワーメント)_{ij} + r_{ij}$$

$$r_{ij} \sim N(0, \sigma^2)$$

〈レベル 2 （学校レベル）〉

$$\beta_{0j} = \gamma_{00} + u_{0j} \qquad \beta_{1j} = \gamma_{10} + u_{1j} \qquad \beta_{2j} = \gamma_{20} + u_{2j}$$

$$\begin{pmatrix} u_{0j} \\ u_{1j} \\ u_{2j} \end{pmatrix} \sim N \left[\begin{pmatrix} 0 \\ 0 \\ 0 \end{pmatrix}, \begin{pmatrix} \tau_{00} & \tau_{01} & \tau_{02} \\ \tau_{10} & \tau_{11} & \tau_{12} \\ \tau_{20} & \tau_{21} & \tau_{22} \end{pmatrix} \right]$$

レベル 1 式は一般的な重回帰分析の式に類似しているが，切片（β_{0j}）と傾き（β_{1j}, β_{2j}）に対してレベル 2 式で固定効果（γ）と変量効果（u）を設定することで，学校ごとに切片，傾きともに異なることを許容する式となっている。なおこの分析は，個人レベルでのバーンアウトに対するソーシャルサポートとエンパワーメントの影響を明らかにすることを目的としているため，ソーシャルサポート，エンパワーメントともに集団平均で中心化して投入した。分析結果を表5.4に示す。

表5.4　予備調査の分析結果（個人レベルにソーシャルサポートとエンパワーメントを投入したモデル）

固定効果の推定

固定効果	係数	S.E.	t	df	p
切片（γ_{00}）	2.343	0.044	53.273	15	＜.001
ソーシャルサポート（γ_{10}）	−0.227	0.060	−3.774	15	.002
エンパワーメント（γ_{20}）	−0.317	0.083	−3.830	15	.002

変量効果の推定

変量効果	SD	分散成分	df	χ^2	p
切片（u_{0j}）	0.140	0.019	14	39.754	＜.001
ソーシャルサポートの傾き（u_{1j}）	0.144	0.021	14	20.815	.106
エンパワーメントの傾き（u_{2j}）	0.203	0.041	14	13.289	＞.500
レベル1（r_{ij}）	0.371	0.137			

　はじめに固定効果の係数に着目すると，ソーシャルサポート（$\gamma_{10} = -0.227$, $t(15) = -3.771$, $p = .002$），エンパワーメント（$\gamma_{20} = -0.317$, $t(15) = -3.830$, $p = .002$）の係数は有意な負の値を示していた。つまり，バーンアウトとソーシャルサポート，エンパワーメントとの間には負の影響関係があり，ソーシャルサポートとエンパワーメントを高めることでバーンアウトを低減，抑制することが可能であることが示された。次に変量効果の分散成分に着目すると，ソーシャルサポートにおける変量効果（u_{1j}）とエンパワーメントにおける変量効果（u_{2j}）の分散成分はそれぞれ $\tau_{11} = 0.021$（$\chi^2(14) = 20.815$, $p = .106$），$\tau_{22} = 0.041$（$\chi^2(14) = 13.289$, $p > .500$）となり，有意ではなかった。つまり，ソーシャルサポートとエンパワーメントがバーンアウトに及ぼす効果には学校の違いによるばらつきがないことが示された。ただし，切片 γ_{00} に対する変量効果 u_{0j} の分散成分 τ_{00} は有意であり，ソーシャルサポートとエンパワーメントの影響を除いた学校ごとのバーンアウト得点の平均値には統計的に有意な違いがあることが示された。

第3節　調査結果についての考察

　この予備調査の第一の目的は，本プロジェクトの理論モデルであるソーシャルサポートとエンパワーメントによるバーンアウトの低減，予防が，プロジェクトを実施する対象者に適用可能かを検討することであった。分析の結果から，ソーシャルサポート，エンパワーメントともにバーンアウトに対して負の影響を持っていることが示されたため，プログラムの実施にあたって理論モデルを適用することができると判断した。合わせてプログラムの効果に影響を及ぼしうる学校レベルの要因についても検討したが，バーンアウトに対するソーシャルサポートとエンパワーメントの影響に対しては，学校レベルの特性による影響は見られないことも明らかとなった。つまりプログラムを計画する上で，学校種の違いを考慮する必要がないといえる。

　ただし，学校ごとのバーンアウト得点の平均に対しては，ソーシャルサポートとエンパワーメント影響を除いた部分で学校レベルの要因の影響があることも示されている。ソーシャルサポートとエンパワーメントの促進というプログラム内容に直接関わらない部分であるため詳述はしないが，この点については，さらに分析が必要かもしれない。本プロジェクトの中で収集したデータに基づき，学校種，性別や年齢構成，学校規模（教員数）などの変数を学校レベルに投入して分析を行ったが，いずれも学校ごとのバーンアウト得点の平均に影響は持っていなかった。教員のストレスやメンタルヘルスに関する学校種の違いについては，草海（2014）や，宮下（2009）など一部で研究が始められつつあるものの，まだ十分な解明には至っておらず，今後の研究が待たれる。

　2つ目の目的である調査項目の使用可能性については，第一に調査項目の多さが，調査実施者となった教頭らから問題として挙げられた。予備調査での項目数は合計61項目で，性別や年齢などの基礎情報を加えても，質問紙と

しては決して長大なものではない。しかし回答者である教師に対して教頭が回答への協力を呼びかける上では，61項目という項目数は就業時間内に回答するには時間を要してしまい，回答を呼びかけにくいという指摘があった。中でもバーンアウト尺度とエンパワーメント尺度の長さが指摘されたが，教頭らの意見を聞くと，例えばソーシャルサポート尺度の中の娯楽的サポート因子については，その地域の教員という職業の風土として，休日などに娯楽の時間を共にするという習慣がないため，「項目として必要なのか？」という疑問が挙げられた。同様にエンパワーメント尺度の中にある自律性因子については，項目内容がわかりにくいという指摘がなされた。自律性因子の項目例としては「自分の考えや感じていることが他人と違っていてもそれでよいと思う」などがあるが，確かにこのような表現は日本の学校組織の中では，それが望まれる良い態度なのか，あるいは組織からの逸脱を意味することになるのかが判別しづらい。そこで次年度のプログラム開始に当たり，評価を行う尺度について改めて選定しなおすこととした。

第4節　次年度のプログラム実施へ向けて

　プログラムを実施する上で，予備調査の結果から，理論モデルの妥当性を確認することができた。またエンパワーメント評価の原理に基づき，調査結果の解釈を教頭らとともに行った。そのために上記のような調査項目に対するフィードバックを得ることができた。加えてフィードバックの席では，教頭らにとってソーシャルサポートは概念的にも手続き的にもイメージしやすいが，エンパワーメントについては，やはり理解が難しいという意見が表明された。そもそもエンパワーメントの概念には，エンパワーされた結果が生じる過程で組織内でのソーシャルサポートの促進が包含されているため，プログラムの実施にあたっては，特にソーシャルサポートの促進により注目することを合意した。

　予備調査は，本来は心理学的理論の生態学的妥当性の確認と，調査項目の実施可能性について検討するという科学的な目的を持つものであったが，調査内容の検討から調査の実施，分析結果の解釈と分析結果に基づく次年度の計画策定まで，すべての過程を教頭らとともに行うことで，プログラムの実施に対して有益な情報を得られたのみならず，教頭らがプロジェクトに関心を持ち，取り組みに積極的になるという，エンパワーメントの効果も見られた。そのため次年度のプログラムの実施に当たっては，開始直後とは異なり，建設的かつ活発な意見のやり取りを行うことができた。次章では，予備調査に基づき計画されたプログラムの概要と評価結果について論じる。

第6章　プログラムの実施と評価

　プロジェクト開始2年目にあたる200X＋1年には，1年を通してのプログラムの実施と評価を行うこととなった。以下に詳細な計画やプログラム内容について述べるが，この計画もすべて，教頭らとともに決定したものであった。

第1節　実施するプログラムの内容

　プログラム実施計画の策定も，教頭らと協働で実施した。プログラム内容の決定にあたって話し合いの席で問題となったのは，実施可能性であった。通常，何らかの予防プログラムを実施する際には，第3章で述べたように，効果が見込まれることが明らかなベスト・プラクティスとよばれるプログラムを採用し，その手法をそのままに実施することが一般的である。しかし本プロジェクトのフィールドには，教員数10人未満の小規模小学校から，教員数が30人を越える中学校まであり，それぞれ学年暦や学校内での業務の進め方，さらに教員の年齢や性別構成も多様である。さらにキャリアや性別といった教頭の個人特性やプロジェクト開始までの教員との関わり方も様々であり，教頭が主体となってプログラムを実施する上で，同一のプログラムをすべての学校で行うことは難しい。例えば数時間や数日間程度の短期プログラムを研究者主導で実施するのであれば，特別のケースとして実施も可能かもしれないが，本プロジェクトのように通年で実施するプログラムの場合，実施の困難さは実施されないことに直結する恐れがある。また，そもそも日本には第3章で述べたような，ベスト・プラクティスといえるプログラムのリストなども存在せず，研究論文の中で紹介されている，比較的小規模の試行

をもとにプログラムを構築せざるを得ない。そこで本プロジェクトでは，特定のプログラムを一律に実施するのではなく，手本となるプログラム例を研究者が紹介し，その手本に基づいて各学校，教頭の特徴に合わせて適切な取り組みを進めることとした。

　プログラムを紹介するにあたって，前提として，本プロジェクトが想定している「教員間のソーシャルサポートと，職場における教員のエンパワーメントの促進を通した，バーンアウトの予防」という理論モデルについて，教頭会で改めて理解の共有を図った。第5章でもふれたように，プロジェクト開始間もない頃は，プロジェクトの理論モデルに対して，教頭の関心は必ずしも高いものではなかった。しかし，予備調査結果の読み取りや解釈という作業を，研究者と研究者が協働によって実施した経験を通して，2年目の開始時点で，理論モデルに対する教頭らの関心と理解は，十分に高まっていたようであった。

　このように，教頭らが，職場内でのサポート関係やエンパワーメントをイメージできるようになっていたため，通常の校内業務に支障が出ない範囲で，教頭らがイメージするソーシャルサポートやエンパワーメントの促進につながる取り組みを独自に実施するよう依頼した。さらに，以下の2つの例を中心に，具体的な取り組み内容の例示を行った。

　教頭は管理職として，教員との関わりについて日ごろから心に留めている。そこで，そうした日常の態度から一歩進んで，教員に対して積極的に話しかけ，サポート源としての教頭の役割表明を行うこと，同時に，教員が自らの意見を発しやすい組織風土を作るという明確な目標意識のもとに，教員間の関係調整を図るという方法を提案した。これは教頭と教員との間という個人レベルの取り組みではあるが，教頭からの関わりからサポートやエンパワーメントの感覚を得るだけでなく，教頭の行動が組織でのロールモデルとなり，他の教員へ波及することを見込んだものである。研究者はこれらの取り組み手法を紹介したうえで，その取り組みをそのまま実行するだけでなく，ソー

シャルサポートとエンパワーメントの促進によるバーンアウト予防というモデルの理解に基づいて，各学校内で積極的にプログラムを展開するようアドバイスをした。

　また，別の取り組み例として，通称「高志モデル（岩瀬，2003）」と呼ばれる，上越市立高志小学校で開発された一連の学校組織運営の取り組みのうち，特にワークショップと呼ばれる会議運営の方法について紹介した。高志モデルでのワークショップは，①話し合うべき内容についての事前にレポートを作成，②レポートを読んでから話し合いに参加，③4〜5名のグループで20分間の話し合いを2回実施，④全体で集まり一人40秒以内で感想や意見の発表というステップで進めることとされている。高志モデルにおけるワークショップの効果について，岩瀬（2003）は大きく次の2つを挙げている。1つは，少人数かつ制限時間を設定することで，キャリアや年齢，立場の違いを越えたコミュニケーション，特に会議時間外でのインフォーマルな関係が生まれることである。こうした，インフォーマルな関係構築は，職場内でのサポート関係につながることが予想される。2つ目に，多くの教員が発言の機会を与えられることで，特に経験の浅い教員が，自らの意見を発表する頻度が高まることも報告されている。さらに，発言をすることが，組織へ主体的に参加し，影響力を行使できるという実感をもたらしていることも述べられており，エンパワーメントの感覚を得ることに結びつくと考えられる。

　この他にも，国内外の研究の中から，ソーシャルサポートやエンパワーメントを取り扱っている例を資料として提供し，特定の実践例を忠実に再現することを目指すのではなく，各学校の状況に合わせた取り組みを，実践例からアイデアを得ながら作り上げることを推奨した。また，実際にどのような取り組みを行ったかについては，後日，インタビューの中でたずねる予定であることも伝えた。

106

第2節　プログラム評価の方法とスケジュール

　プログラムの実施計画を策定する話し合いで次に問題となったのは，プログラム評価手法についてであった。本プロジェクトは，それまで日本にはほとんど例がない全市規模の取り組みであり，しかも実施するプログラム内容も先例がない。従って，プログラム開発の手法に基づき，研究者からはじめ，統制群となる学校，つまり，プログラムを実施しない学校を置き，実施した学校とアウトカムを比較することでプログラムの効果について検討することを提案した。しかし，プロジェクトに対して前向きになっていた教頭らからは，「効果があると見込まれるプログラムは，すべての学校で実施したい」という強い要望が出された。そこで代替の手段として，スイッチング・レプリケーション・デザインと呼ばれる，準実験計画デザインによる評価を提案した（図6.1を参照）。このデザインを用いることで，一時的に統制群を置くことができ，かつすべての人がプログラムの対象となることができる。しかしこのデザインについても，教頭らからの異論が表明された。第一に，学校規模や学年暦の都合があり，学校群を無作為に割り振ることが困難であるとされた。この点については，どちらの群に配置されるかを教頭の判断で決定

スイッチング・レプリケーション・デザイン
R O X 　 X
R 　 X O X

本プロジェクトのために改変したデザイン
前半開始校群　 O X O X
後半開始校群　 　 X O X

R：無作為配置
O：処遇（プログラム実施）
X：測定（調査）

図6.1　プログラム評価に利用した要因計画

することとした。またスイッチング・レプリケーション・デザインでは第一群では後半にプログラムを実施しないこととされているが，この点についても不満が表明された。そこで第一群は引き続きプログラムを実施することを許容した。教頭らの判断によって，最終的に第一群に8校（以下，前半開始校群），第2群に8校（以下，後半開始校群）が割り振られた。

　さらに，スイッチング・レプリケーション・デザインによるアウトカム評価のための調査実施回数についても反対意見が表明された。後述するように，予備調査から明らかになった質問項目の多さはアウトカム評価の段階では是正されたものの，それでも教員に対して1年以内に調査への回答を3回求めるのは困難であるというのが理由である。そこで研究者からの提案で，第1回調査については各学校の教員名簿をもとに無作為に選んだ半数の教員のみを調査対象とし，第2回調査では全教員を対象，第3回調査では第1回調査に回答しなかった教員を対象とすることとした。つまり全体では調査を3回実施するが，教員個人にとっては調査に回答するのは，第1回もしくは第3回と，第2回の2回だけになる。さらに，事前事後比較を行うために研究者は記名式での調査実施を提案したが，この点についても拒絶された。郵送回収という手段であっても教頭主体の調査であり，教員の不信感を招く危険性は避けたいというのが理由であった。この点についても研究者が，統計分析手法を工夫することで，ある程度の代替は可能であると判断した。

　プログラム内容から評価方法の詳細に至るまで，学校で実際にプログラムと調査を実施する主体となる教頭の意見を可能な限り尊重したが，その結果，科学的心理学研究の原則からは大きく逸脱しており，研究上は問題を孕んだものとなっている。しかし，繰り返し述べているように本プロジェクトは，研究としての側面を持つ一方で，エンパワーメント評価モデルによる実践として，現場に貢献することも目指したものでもある。研究者が強固に自らの主張をすれば，研究上必要な手続きを実現することは可能だったかもしれない。しかし，その結果として，現場の主体性が失われたとすれば，それはエ

ンパワーメント評価ではなくなるだけでなく，1年間という長期間にわたる取り組みに対する動機づけを失わせることにもなりうる。実際の話し合いの場では，教頭らは研究者の主張に反対していたばかりではなく，第7章で紹介するインタビューの中にも見られるように「研究のために良いデータを取ってほしい」という考えを持ち，可能な限りの代替案の検討を行った。例えば，本来であれば学校の特徴や学年暦を参照しながら教頭の判断で決定するはずであった学校群の割り振りについて，小学校と中学校の学校数が偏らないように教頭らの中で調整が行われた。本プロジェクトは科学研究の手法としては妥当性に問題がある点が多々あるが，エンパワーメント評価の原理に基づく研究者と現場の人々との協働的パートナーシップの構築によってはじめて，大規模かつ長期間の研究が可能となったことを述べておきたい。

第3節　アウトカム評価のための調査

　ここでは，アウトカム評価として行った数量的調査分析の結果について検討をする。プログラムの実践過程についてのふりかえり，すなわち，プロセス評価については後の章で改めて論ずる。

調査対象者

　プログラムに参加した全16校に勤務する常勤の教員229名を対象に，調査を行った。予備的調査時点から人事異動があったため対象者の人数が若干異なっている。また，1校は3回の調査のうち2回目のみ参加することとなった。調査時点では理由は明らかでなかったが，後日，同校教頭との個人的会話の中で，校長が調査を実施することで業務時間が圧迫されることを危惧し，プログラムの実施は許可したが，3回の調査実施を認めなかったことが明らかとなった。このため当該校のデータは分析から除外した。

　調査への回答率を見ると，第1回調査が73.4％，第2回調査が73.4％であ

ったのに対して，第3回調査のみ54.3%に低下した。回答率の詳細を見ると，第1回，第2回調査では小学校と中学校の回答率はほぼ同じであったが，第3回では小学校が70.8%であるのに比べて中学校で33.3%と大幅に低いことが分かった。第3回調査を実施した1月は高校受験を控えた時期で，3年生を担当する教員だけでなく中学校の全教員が多忙であり，そのことが低い回答率につながったことが，中学校の教頭らの話から明らかとなった。プログラムの開始時期（前半，後半）ごとの回答者の年齢，性別の状況を表6.1に示す。また，第5章でバーンアウト予防に対して学校種の違いが見られなかったことを踏まえ，評価のための分析では学校種を区別せずに分析を行うこととした。3回の調査を通して参加者の性別や年齢構成に大きな差は見られなかった。また母集団である某市の小，中学校教員全体の性別，年齢構成とも大きな差はなかった。

調査方法

　予備的調査と同様に，各学校の教員に対して無記名自己記入式の質問紙への回答を求めた。質問紙の配布は各校の教頭に依頼し，回収に当たっては質問紙に添付した返信用封筒を使用して研究者へ直接郵送することとした。調査時期は，学年暦に合わせて実施したプログラムの進行に合わせて，第1回調査をプログラムの本格始動前の5月上旬，第2回調査を1学期間のプログラム実施後に当たる8月下旬，第3回調査を，2学期を通したプログラム実施後に当たる1月下旬に設定した。

使用した尺度

　プログラムの実施計画と同じく，評価のための尺度の選択についても教頭の主体性を重視して話し合いを進めた。その中で，評価のための調査では前年の予備的調査で使用した尺度と一部，異なる尺度を使用することになった。変更の理由は項目数の多さで，回答者の負担を考え，同様の構成概念を測定

表 6.1　回答者の性別，年齢構成

学校群		第1回 (N=85)		第2回 (N=168)		第3回 (N=63)	
		n	%	n	%	n	%
		性別					
前半開始	男性	17	20.0	28	18.4	12	19.0
	女性	30	35.3	44	28.9	21	33.3
	無回答	1	1.2	1	0.7	1	1.6
後半開始	男性	17	20.0	25	16.4	8	12.7
	女性	19	22.4	53	34.9	21	33.3
	無回答	1	1.2	1	0.7		
		年齢					
前半開始	−25			2	1.3	1	1.6
	26−30	2	2.4	4	2.6	3	4.8
	31−35	5	5.9	7	4.6	4	6.3
	41−45	12	14.1	12	7.9	5	7.9
	36−40	10	11.8	18	11.8	6	9.5
	46−50	12	14.1	19	12.5	7	11.1
	51−55	6	7.1	9	5.9	8	12.7
	56−	1	1.2	1	0.7		
	無回答			1	0.7		
後半開始	−25	4	4.7	7	4.6		
	26−30	3	3.5	8	5.3	3	4.8
	31−35	7	8.2	12	7.9	4	6.3
	41−45	3	3.5	8	5.3	2	3.2
	36−40	4	4.7	12	7.9	6	9.5
	46−50	13	15.3	22	14.5	9	14.3
	51−55	2	2.4	10	6.6	3	4.8
	56−	1	1.2			1	1.6
	無回答					1	1.6

し，かつ，より項目数の少ない尺度を選択した。

　本研究のように同じ（同様）の対象者に対して調査を複数回にわたって実施する際，通常は同一の尺度を使用することが比較可能性，継続性の観点から科学研究としては望ましく，時に要求される。しかし，本研究は次の2つ

の理由から，教頭との話し合いに基づき尺度の変更を決定した。まず，前年の予備的調査の結果と本調査の結果を比較する必要性が高くないことが第一の理由である。本プロジェクトでは，1 年目の予備的調査から 2 年目の本調査までの間は，何らプログラムを実施したわけではないので，比較の結果，何らかの変化が生じたとしても，その理由を説明することが不要かつ不可能である。第二に，調査項目の選択に自分たちの意見が反映されたと感じることで，調査だけでなくプログラム全体に対する所有感が高まることを期待したためである。エンパワーメント評価の原理に基づけば，プログラムに対する所有感はプログラムの実施に対する積極性を高め，プログラムの成功に大きく貢献すると考えられる。そこで教頭の意見を統合し評価計画に取り入れ，プログラムへの積極的，建設的参加への動機づけを高めるために，相対的に必要性が低い科学的研究としての継続性をトレードオフすることとした。

　次に使用した尺度を紹介する。なお，回答はすべて，「1：全く当てはまらない」から「4：とてもよくあてはまる」の 4 件法とし，下位因子の項目得点を平均して尺度得点とした。また，予備調査と同様にバーンアウト尺度にある個人的達成因子については，バーンアウトを構成する他の因子と得点の方向性をそろえるため数値を反転させ，得点が高いほど個人的達成感が低いことを表すようにした。

　また本調査では，第一に，教員のバーンアウト状態にどのような変化があったのかを明らかにすること，加えて第二に，バーンアウト状態に対して，予備調査で見られたような，ソーシャルサポート，エンパワーメントの影響が見られたかを明らかにすることを目的としている。つまり，プログラムの効果としてバーンアウトの合計得点が変化しているかどうかが，最大の注目点である。そのため，下位因子ごとの分析はせず，予備調査と全項目得点を平均して尺度得点を算出し，分析対象とした。

ソーシャルサポート

　教頭が項目の多さを指摘した尺度の１つが，ソーシャルサポート尺度である。前年の予備的調査で使用した片受・庄司（2000）の勤労者向けソーシャルサポート尺度は21項目であったが，回答者への負担の点だけでなく，項目数の多さから校長が調査実施の許可に難色を示しているという問題点があった。そこで本調査では，迫田・田中・淵上（2004）が学校教員を対象に使用している尺度を使用することとした。この尺度は，久田・千田・箕口（1989）が大学生向けに作成した尺度をもとに，迫田・田中・淵上（2004）が，学校教員向けに，校長から得られる知覚的ソーシャルサポートを測定するよう改変したものである。この尺度は，情緒的サポート５項目，道具的サポート３項目の合計８項目２因子で構成されている。本研究では，校長に限らず学校という職場全体から得られるサポートを測定するために，各項目にあった「校長は」という文言を削除した。３回の調査における信頼性係数は，α = .933～.942の範囲であった。

エンパワーメント

　エンパワーメント尺度についても，教頭から項目の多さが指摘された。しかし，本研究の目的に照らして教員のエンパワーメントを測定するのに適した代替の尺度がなかったため，予備的調査で使用した Wilson（1993）が作成し，古川・尾崎・浅川・天根（2002）が日本語に訳した，Self-empowerment Index を引き続き使用することとし，代わりに同尺度の項目を再精査し，尺度として安定性の低い項目を削除することとした。最終的に元尺度にあった①自律性因子の項目はすべて削除，②自己反省尺度の項目はすべて採用，③リスクをかける勇気因子を，因子分析に基づきリスクをかける勇気因子３項目と，対人関係の公平さ因子６項目に再構成した。新たに抽出された対人関係の公平さ因子は，自分や相手の立場に関わらずコミュニケーションにおいて公平性，同等性を感じる程度を測定する因子となっている。３回の調査に

における信頼性係数は，$\alpha = .841-.876$であった。

バーンアウト

　バーンアウトについては，教頭から特に異論はなかったため，予備的調査と同じ，久保・田尾（1994）の対人サービス職向けバーンアウト尺度を使用した。3回の調査における信頼性係数は，$\alpha = .706-.750$であった。

結果

分析の指針

　本研究では，2つのグループに対して，3回の調査から得られたデータに基づき，プログラムの影響を検討することとなる。このようなデザインに対する分析手法は，グループ（被験者間2水準），3回の反復測定（被験者内3水準）を要因とする混合要因分散分析を用いるのが一般的である。しかし本研究では，混合要因分散分析を用いることができない，または，分散分析という手法ではプログラムの効果を検証することが困難と考えられる理由が3つある。第一に，3回の調査の中で個人を識別せずにデータ収集を行ったため，調査ごとの回答者を一致させることができない。反復測定デザインでは，なんらかの方法で回答者個人を識別して，被験者内要因として取り扱うようにする。分析上は全分散を，個人間要因であるグループ要因による分散とその誤差分散，個人内要因である反復測定要因による分散とその誤差分散に分割し，それぞれに分散比を求めることで，各要因の効果について検討をする。しかし本研究では，本研究では個人を一致させたデータ収集を行わなかったため，同一グループに対する3回の測定を被験者内要因として取り扱うことができない。

　第二に，分散分析では連続変量であるソーシャルサポートやエンパワーメントの程度を独立変数として投入することができず，プログラムのアウトカム変数であるバーンアウトのみを従属変数として分析をすることとなる。単

純にアウトカム評価を行うためだけであれば，（1つ目の問題は残るものの）バーンアウト得点の変化のみを分析対象とすればよいかもしれない。しかし，プロセス評価として，プログラムが意図している「ソーシャルサポートとエンパワーメントの促進によるバーンアウトの減少，悪化予防」が実践の中で実現したのかについても検討する上で，分散分析による分析では不十分である。

　3つ目に，分散分析が，平均値の変化があ̇る̇こ̇と̇を明らかにする統計手法であるという問題が挙げられる。プログラム評価では，プログラムの実施によって対象となる問題が消失することが，究極の目標となる。この目標達成を検討するのであれば，平均値の変化（当初に比べ，問題が減少，低下，消滅したか）を検討する方法は妥当である。しかし，予防プログラムに価値があるかを判断する評価の文脈では，「問題が起こっていない状態を保てていること」や「問題が悪化しないこと」も妥当な目標として成立する。本研究に照らしてみると，バーンアウトという問題が消滅することを理想としつつも，放置しておけば悪化したであろうバーンアウトの程度を，プログラムによって変化（悪化）しないまま保つことができれば，予防プログラムとして効果があるとみなすこともできる。このような「変化しないことを確かめる」手法として，実験計画に基づく分散分析を適用することはできない。そこで本研究では代替の手段として，予備的調査と同様にマルチレベル分析を適用し，プログラムの実施時期の違いを学校レベル変数として投入することで，プログラム実施の有無がバーンアウトに及ぼす影響について検討することとした。

プログラムの実施によるソーシャルサポートとエンパワーメントの変化

　マルチレベル分析によるアウトカム指標の分析に先立ち，「プログラムの実施によってソーシャルサポートとエンパワーメントが変化したか」について検討する。ここではプログラム開始時期（前半開始，後半開始）の2水準，調査時期全3回の3水準の2要因分散分析を行った。ただし先に述べたよう

に，プロジェクトの中での調査では個人を特定していないため，3回の調査を反復測定すなわち被験者内要因として扱うことができない。そのため代替手段として，調査時期の要因3水準を被験者間要因として扱って分析を行うこととした。この手法の問題点は先に述べた通り，被験者内要因（調査時期）と被験者間要因（プログラム開始時期群）に分割されるはずの誤差分散が一括されてしまうことにある。つまりF値を求める際の分母が混合要因に比べて大きくなるため，F値が小さく見積もられてしまうことになる。そうすると，本来は検出できるかもしれないプログラムの有意な効果が，検出できない可能性が生じる。従って分析結果は，あくまでもプロセス評価としてソーシャルサポートとエンパワーメントの変化について，概観を得ることのみを目的とする。

　表6.2には，調査時期ごと，プログラム開始時期の違いごとに，ソーシャルサポート，エンパワーメント，バーンアウトの平均値をまとめた。ソーシャルサポート，エンパワーメント，バーンアウトの各尺度得点の平均値を見るとわかるように，ソーシャルサポート（$F(1.297)=26.03, p=.000$），エンパワーメント（$F(1,297)=20.47, p=.000$），バーンアウト（$F(1,297)=4.71, p=.031$），すべてについて，前半開始グループに比べて後半開始グループ方

表6.2　調査時期，プログラム開始時期ごとのソーシャルサポート，
エンパワーメント，バーンアウトの平均値

		第1回			第2回			第3回		
		n	M	SD	n	M	SD	n	M	SD
ソーシャル	前半開始	48	2.82	0.67	71	2.92	0.74	34	2.86	0.67
サポート	後半開始	37	3.15	0.49	79	3.12	0.48	29	3.46	0.41
エンパワー	前半開始	48	2.81	0.32	71	2.77	0.42	34	2.81	0.38
メント	後半開始	37	2.94	0.39	79	3.01	0.43	29	3.12	0.45
バーンアウ	前半開始	48	2.35	0.53	71	2.42	0.47	34	2.32	0.47
ト	後半開始	37	2.33	0.51	79	2.23	0.51	29	2.13	0.58

が得点が有意に高かった。このような有意差がグループ間に生じた原因は不明である。各学校が前半開始グループになるか後半開始グループになるかは，学校や教頭の置かれている状況（学事日程，各学校における教頭歴の長さなど）に配慮し，無作為ではなく教頭自身が決定することとしたが，その影響による可能性もあるが，このデータからそれを断ずることは不可能である。

　さらにソーシャルサポート得点にのみ，グループと調査時期との間に有意傾向が見られた（$F(12,297)=2.43, p=.090$）。そこで LSD 法による多重比較を行ったところ，後半開始グループにおいて，第1回調査，第2回調査よりも，第3回調査の得点が有意に高かった（図6.2）。また分散分析では有意ではなかったものの，多重比較の結果を見ると，後半開始グループでは，第1回調査に比べて第3回調査で，エンパワーメント得点が高く，バーンアウト得点が高い傾向が見られた。

　統計的に不備がある分析ではあるが，ここまでの結果をまとめると，①後半開始グループでは，プログラムの実施によりソーシャルサポート，エンパワーメントともに上昇し（プロセス評価），②プログラムの実施によってバー

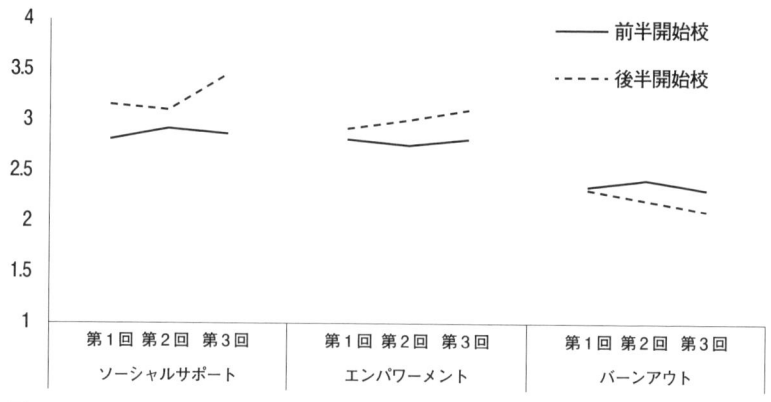

図6.2　調査時期，プログラム開始時期ごとのソーシャルサポート，エンパワーメント，バーンアウトの平均値

ンアウト得点が低下した（アウトカム評価）と言え，プログラムがロジックモデルや理論的予測通りの効果をもたらしたということができるかもしれない。

アウトカム評価

　先にも述べたように本調査のデータでは3回の調査において各調査の回答者を対応することができないため，アウトカム評価のための分析として反復測定分散分析を用いることができない。その代替として，各調査データに対してマルチレベル分析を行い，バーンアウト得点に影響を与えうる他の要因を排除したグループ間の違いを検出し，取り組み実施の有無による効果について推定する。具体的には，①あらかじめ Null モデルによる分析からグループ間変動（分散成分）の大きさを推定し検討に値するグループ間変動の有無について検討をする。次に②ソーシャルサポートとエンパワーメントがバーンアウトに及ぼす影響の存在について確認をしたうえで，①でグループ間変動が十分に大きかった場合のみ③グループ間要因として，前半もしくは後半開始の要因を導入して取り組み実施の影響について検討を行うこととする。分析を行うモデルを以下に示す。

　　　① Null モデル
　　　〈レベル1（個人レベル）〉
　　　　　（バーンアウト）$_{ij}$＝β_{0j}＋r_{ij}　　　　$r_{ij} \sim N(0,\sigma^2)$
　　　〈レベル2（学校レベル）〉
　　　　　β_{0j}＝γ_{00}＋u_{0j}　　　　　　　　$u_{0j} \sim N(0,\tau_{00})$

　ここで学校間差 u_{0j} の分散成分 τ_{00} が十分に大きかった場合，バーンアウト得点の変動要因として学校レベル変数の影響があることを意味する。逆にもし学校レベルの変動がなかった場合，学校間の変動要因がないことになる。

②ソーシャルサポートとエンパワーメントがバーンアウトに及ぼす影響
についてのモデル

〈レベル1（個人レベル）〉

（バーンアウト）$_{ij}$

$= \beta_{0j} + \beta_{1j}$（ソーシャルサポート）$+ \beta_{2j}$（エンパワーメント）$+ r_{ij}$

$$r_{ij} \sim N(0, \sigma^2)$$

〈レベル2（学校レベル）〉

$\beta_{0j} = \gamma_{00} + \gamma_{01} + u_{0j}, \qquad \beta_{1j} = \gamma_{10} + \gamma_{11} + u_{1j}, \qquad \beta_{2j} = \gamma_{20} + \gamma_{21} + u_{2j}$

$$\begin{pmatrix} u_{0j} \\ u_{1j} \\ u_{2j} \end{pmatrix} \sim N \left[\begin{pmatrix} 0 \\ 0 \\ 0 \end{pmatrix}, \begin{pmatrix} \tau_{00} & \tau_{01} & \tau_{02} \\ \tau_{10} & \tau_{11} & \tau_{12} \\ \tau_{20} & \tau_{21} & \tau_{22} \end{pmatrix} \right]$$

②のモデルによる分析では，ソーシャルサポートとバーンアウトソーシャルサポートとエンパワーメントがバーンアウトに対して及ぼす影響について検討している。アウトカム評価を行う上では，プログラムの実施の有無（実施時期の違い）によってバーンアウト得点に差が生じるのかを検討するだけで充分であり，本質的には②のモデルによる分析自体は不要である。しかしこの分析によって，「ソーシャルサポートとエンパワーメントの促進によるバーンアウトの低減，予防」という本プロジェクトの介入理論の正しさについて，繰り返し確認することができる。それ以上に，ソーシャルサポートやエンパワーメントに学校間変動がないこと，つまり，プログラムの実施がバーンアウトに対するソーシャルサポートやエンパワーメントの影響力に影響を及ぼしていないことを確認することが重要となる。本プロジェクトの介入理論では，プログラムの実施によりソーシャルサポートとエンパワーメントが上昇し，その影響でバーンアウトの低減もしくは抑制が起こると考えており，ソーシャルサポートやエンパワーメントがバーンアウトに対する影響力に変化を与えることは想定していない。実践的視点では，バーンアウトの低減，抑制を実現することさえできれば両者の違いには大きな意味はないが，

プログラム評価における知識生成の視点では，両者の違いを厳密に区別しバーンアウト研究へフィードバックすること，そしてその結果に基づいてプログラムの改変，開発を行うことが重要となる。

③プログラム開始時期の違いを投入したモデル

〈レベル 1 （個人レベル）〉

$$(\text{バーンアウト})_{ij} = \beta_{0j} + \beta_{1j}(\text{ソーシャルサポート}) + \beta_{2j}(\text{エンパワーメント}) + r_{ij}$$

$$r_{ij} \sim \text{N}\ (0,\sigma^2)$$

〈レベル 2 （学校レベル）〉

$$\beta_{0j} = \gamma_{00} + \gamma_{01}(\text{学校群}) + u_{0j}$$

$$\beta_{1j} = \gamma_{10} + \gamma_{11}(\text{学校群}) + u_{1j}$$

$$\beta_{2j} = \gamma_{20} + \gamma_{21}(\text{学校群}) + u_{2j}$$

$$\begin{pmatrix} u_{0j} \\ u_{1j} \\ u_{2j} \end{pmatrix} \sim N \left[\begin{pmatrix} 0 \\ 0 \\ 0 \end{pmatrix}, \begin{pmatrix} \tau_{00} & \tau_{01} & \tau_{02} \\ \tau_{10} & \tau_{11} & \tau_{12} \\ \tau_{20} & \tau_{21} & \tau_{22} \end{pmatrix} \right]$$

3つ目のモデルは，レベル 2 に学校要因として前半開始グループを 0，後半開始グループを 1 とダミーコーディングした変数を投入している。上記のレベル 2 式では切片 β_{0j} だけでなく，ソーシャルサポートとエンパワーメントの傾きである β_{1j} と β_{2j} にもグループ要因を投入しているが，実際の分析に当たっては，②の分析でグループ間変動が認められた項にのみ投入することとする。

第 1 回調査の分析

① Null モデル

第 1 回調査に対する Null モデルの分析結果を表 6.3 に示す。レベル 1 式にある集団内変動の分散成分は $\sigma^2 = 0.266$ であるのに対して，集団間変動の

表 6.3　第 1 回調査の分析結果（Null モデル）

固定効果の推定					
固定効果	係数	SE	t	df	p
切片（β_{00}）	2.339	0.044	53.342	14	$<.001$

変量効果の推定					
変量効果	SD	分散成分	df	χ^2	p
切片（u_{0j}）	0.007	0.000	14	8.159	$>.500$
レベル 1（r_{ij}）	0.516	0.266			
ICC	0.000				

分散成分は $\tau = 0.000$（$p > .50$）であり，級内相関係数 $\rho = 0.000$ であった。すなわち，バーンアウト得点に対して学校レベル変数によって説明される分散の割合はほぼゼロであり，第 1 回調査の時点では学校間差は見られなかったといえる。従って，式 3 による学校レベル変数の影響に対する検討は行わず，式 2 に基づく分析によってバーンアウトに対するソーシャルサポートとエンパワーメントの影響についての検討のみ実施する。

②ソーシャルサポートとエンパワーメントがバーンアウトに及ぼす影響についてのモデル

　レベル 1 式にソーシャルサポートとエンパワーメントの項を投入した式 2 の分析結果を表 6.4 に示す。レベル 1 式に投入したソーシャルサポート，エンパワーメントともにバーンアウトに対して，弱いながらも有意な負の影響を及ぼしていることが示され（ソーシャルサポート $\gamma_{10} = -0.349$, $p = .007$；エンパワーメント $\gamma_{20} = -0.361$, $p = .041$），ソーシャルサポートとエンパワーメントによるバーンアウトの低減効果を確認することができた。

第 2 回調査の分析

　① Null モデル

表 6.4　第 1 回調査の分析結果（ソーシャルサポートとエンパワーメントが バーンアウトに及ぼす影響についてのモデル）

固定効果の推定

固定効果	係数	S.E.	t	df	p
切片（γ_{00}）	2.343	0.043	54.110	14	<.001
ソーシャルサポート（γ_{10}）	-0.349	0.111	-3.140	14	.007
エンパワーメント（γ_{20}）	-0.361	0.161	-2.245	14	.041

変量効果の推定

変量効果	SD	分散成分	df	χ^2	p
切片（u_{0j}）	0.064	0.004	13	11.019	>.500
ソーシャルサポートの傾き（u_{1j}）	0.207	0.043	13	13.750	.392
エンパワーメントの傾き（u_{2j}）	0.269	0.072	13	10.970	>.500
レベル 1（r_{ij}）	0.443	0.196			

表 6.5　第 2 回調査の分析結果（Null モデル）

固定効果の推定

固定効果	係数	SE	t	df	p
切片（β_{00}）	2.316	0.060	38.695	14	<.001

変量効果の推定

変量効果	SD	分散成分	df	χ^2	p
切片（u_{0j}）	0.180	0.032	14	33.832	.002
レベル 1（r_{ij}）	0.468	0.219			
ICC	0.278				

　第 2 回調査に対する Null モデルの分析結果を表 6.5 に示す。レベル 1 式 にある集団内変動の分散成分は $\sigma^2 = 0.219$，集団間変動の分散成分は $\tau = 0.032$（$p = .002$），級内相関係数 $\rho = 0.129$ であった。すなわちバーンアウト 得点の変動のうち約13％が学校レベル変数に起因するものであり，学校レベ ル変数を投入してさらなる検討を行う必要を示唆している。

表6.6 第2回調査の分析結果（ソーシャルサポートとエンパワーメントが
バーンアウトに及ぼす影響についてのモデル）

固定効果の推定

固定効果	係数	S.E.	t	df	p
切片 (γ_{00})	2.312	0.059	38.876	14	$<.001$
ソーシャルサポート (γ_{10})	-0.264	0.086	-3.057	14	.009
エンパワーメント (γ_{20})	-0.409	0.106	-3.867	14	.002

変量効果の推定

変量効果	SD	分散成分	df	χ^2	p
切片 (u_{0j})	0.202	0.041	14	54.580	$<.001$
ソーシャルサポートの傾き (u_{1j})	0.233	0.054	14	23.265	.056
エンパワーメントの傾き (u_{2j})	0.259	0.067	14	13.639	$>.500$
レベル 1 (r_{ij})	0.369	0.136			

②ソーシャルサポートとエンパワーメントがバーンアウトに及ぼす影響についてのモデル

　続いて，レベル 1 式にソーシャルサポートとエンパワーメントを投入し分析した結果を表6.6に示す。はじめにレベル 1 に投入した変数に対する傾きを見てみると，ソーシャルサポートでは $\gamma_{10} = -0.264$（$p=.009$），エンパワーメントでは $\gamma_{20} = -0.409$（$p=.002$）と，いずれも有意な負の影響を示しており，ここでもバーンアウトに対するソーシャルサポートとエンパワーメントの低減効果が確認された。続いて分散成分について見てみると，レベル 1 に投入した変数に対する傾きの分散成分は，ソーシャルサポートでは $u_1 = 0.054$（$p=.056$），エンパワーメントでは $u_2 = 0.067$（$p>.500$）となっており，いずれも有意な分散成分は残存していなかった。すなわちソーシャルサポートとエンパワーメントの傾きには学校間変動はなかったといえる。一方で切片に対する分散成分は $u_0 = 0.041$（$p<.001$）と有意であり，学校レベル変数による変動があることが明らかとなった。

③プログラム開始時期の違いを投入したモデル

レベル1式にソーシャルサポートとエンパワーメントを投入した先の分析で，切片にのみ学校間変動の存在が認められたため，ここでは切片に対してプログラムの開始時期の違いを，前半開始グループを0，後半開始グループを1として投入する（表6.7）。

はじめにプログラムの開始時期が影響を及ぼしている可能性がある切片 β_{0j} における固定効果についてみてみると，プログラム開始時期に対する係数は $\gamma_{01}=0.222$（$p=.074$）であり，バーンアウトに対して正，つまり，バーンアウトを高める傾向が見られた。これは，ダミー変数が1である後半開始グループでは，バーンアウト得点に対してこの固定効果が加味されて高まる傾向があることを意味している。一方で変量効果についてみてみると，切片 β_{0j} における変量効果の分散成分は $u_0=0.034$（$p<.001$）と有意であり，プログラム開始時期を投入してなお，学校間変動が存在することを示していた。

第2回調査に対する分析結果をまとめると次のようになる。まず，バーン

表6.7　第2回調査の分析結果（プログラム開始時期の違いを投入したモデル）

固定効果の推定

固定効果	係数	S.E.	t	df	p
切片（γ_{00}）	2.420	0.079	30.696	13	$<.001$
プログラム開始時期（γ_{01}）	-0.222	0.115	-1.940	13	.074
ソーシャルサポート（γ_{10}）	-0.256	0.086	-2.974	14	.010
エンパワーメント（γ_{20}）	-0.416	0.104	-4.006	14	.001

変量効果の推定

変量効果	SD	分散成分	df	χ^2	p
切片（u_{0j}）	0.185	0.034	13	45.859	$<.001$
ソーシャルサポートの傾き（u_{1j}）	0.228	0.052	14	23.229	.056
エンパワーメントの傾き（u_{2j}）	0.247	0.061	14	13.639	$>.500$
レベル1（r_{ij}）	0.369	0.136			

アウトに対するソーシャルサポートとエンパワーメントの低減，抑制効果が認められ，この効果については学校間で差はなかった。また，すでにプログラムを経験している前半開始校グループと比べ，後半開始校グループのほうが，学校レベルの平均バーンアウト得点が高まる傾向が見られた。しかし，本研究で取り扱っていない学校レベル変数の要因がいまだ存在しており，検討の余地が残されたといえる。

第3回調査の分析

① Null モデル

第3回調査に対する Null モデルの分析結果を表6.8に示す。レベル1式にある集団内変動の分散成分は $\sigma^2 = 0.211$，集団間変動の分散成分は $\tau = 0.081$（$p = .002$），級内相関係数 $\rho = 0.277$であった。すなわちバーンアウト得点の変動のうち約28%が学校レベル変数に起因するものであり，第2回調査と同様に学校レベル変数を投入してさらなる検討を行う必要があるといえる。

表6.8　第3回調査の分析結果（Null モデル）

固定効果の推定

固定効果	係数	SE	t	df	p
切片（β_{00}）	2.264	0.067	23.392	12	< .001

変量効果の推定

変量効果	SD	分散成分	df	χ^2	p
切片（u_{0j}）	0.285	0.081	12	32.160	.002
レベル1（r_{ij}）	0.460	0.211			
ICC	0.278				

② ソーシャルサポートとエンパワーメントがバーンアウトに及ぼす影響についてのモデル

　次に，レベル 1 式にソーシャルサポートとエンパワーメントを投入し分析した結果を表 6.9 に示す。はじめにレベル 1 に投入した変数に対する傾きを見てみると，ソーシャルサポートでは $\gamma_{10} = -0.366$，（$p < .001$）と有意に負の影響を示したのに対して，エンパワーメントでは $\gamma_{20} = -0.292$（$p = .116$）であり，有意ではなかった。つまり，ソーシャルサポートについてはバーンアウトの低減，抑制効果が見られたものの，エンパワーメントの影響を見ることができなかった。続いて分散成分について見てみると，こちらは第 2 回調査の分析結果と同様に，レベル 1 に投入した変数に対する傾きの分散成分はソーシャルサポートでは $u_1 = 0.007$（$p = > .500$），エンパワーメントでは $u_2 = 0.184$（$p > .500$）と有意な分散成分は残存していなかったが，切片に対する分散成分は $u_0 = 0.100$（$p < .001$）と有意であり，学校レベルのバーンアウト得点の平均である切片 β_{0j} に対して学校レベル変数による変動があることが示された。

表 6.9　第 3 回調査の分析結果（ソーシャルサポートとエンパワーメントがバーンアウトに及ぼす影響についてのモデル）

固定効果の推定

固定効果	係数	S.E.	t	df	p
切片（γ_{00}）	2.264	0.097	23.317	12	< .001
ソーシャルサポート（γ_{10}）	-0.366	0.072	-5.116	12	< .001
エンパワーメント（γ_{20}）	-0.292	0.172	-1.694	12	.116

変量効果の推定

変量効果	SD	分散成分	df	χ^2	p
切片（u_{0j}）	0.317	0.100	11	43.603	< .001
ソーシャルサポートの傾き（u_{1j}）	0.086	0.007	11	5.017	> .500
エンパワーメントの傾き（u_{2j}）	0.429	0.134	11	7.073	> .500
レベル 1（r_{ij}）	0.374	0.140			

③プログラム開始時期の違いを投入したモデル

先の分析で，第2回調査と同様に切片 β_{0j} にのみ学校間変動の存在が認められたため，第3回調査についても，切片のみに対してプログラムの開始時期の違いを，前半開始グループを0，後半開始グループを1として投入する。従って分析式，は第2回調査での式と同じである。分析結果を表6.10に示す。

はじめに固定効果について見てみると，プログラムの固定効果は γ_{01} $= -0.253$ （$p=0.126$）となり，プログラム開始時期の違いによる影響は有意ではなかった。次に変量効果についてみると，プログラム開始時期の要因を投入した切片における変量効果の分散成分は $u_0 = 0.097$ （$p<.001$）であり，統計的に有意な分散成分が残存していたことを示していた。つまり，学校レベルのバーンアウト得点の平均である切片 β_{0j} は，プログラム開始時期による差はなく，その他の学校レベル要因による差が生じていたことが示されたといえる。

表6.10　第3回調査の分析結果（プログラム開始時期の違いを投入したモデル）

固定効果の推定

固定効果	係数	S.E.	t	df	p
切片（γ_{00}）	2.379	0.081	29.419	11	<.001
プログラム開始時期（γ_{01}）	-0.253	0.153	-1.655	11	.126
ソーシャルサポート（γ_{10}）	-0.394	0.070	-5.598	12	<.001
エンパワーメント（γ_{20}）	-0.330	0.158	-2.084	12	.059

変量効果の推定

変量効果	SD	分散成分	df	χ^2	p
切片（u_{0j}）	0.311	0.010	10	35.570	<.001
ソーシャルサポートの傾き（u_{1j}）	0.133	0.018	11	5.274	>.500
エンパワーメントの傾き（u_{2j}）	0.334	0.111	11	7.365	>.500
レベル1（r_{ij}）	0.373	0.139			

第4節　調査結果の考察とまとめ

　はじめに，本プロジェクトを実施するにあたって基本とした，「ソーシャルサポートとエンパワーメントの促進によるバーンアウト予防モデル」の妥当性について，3回の調査結果を個別に吟味する。次に3回の調査を通して明らかになった本プロジェクト，すなわちソーシャルサポートとエンパワーメントの促進によるバーンアウトの低減，予防の効果について検討する。最後にまとめとして，量的分析から明らかになった本プロジェクトおよびプロジェクトの評価結果を概観しつつ，種々の限界点について述べる。

ソーシャルサポートとエンパワーメントの促進によるバーンアウト予防モデル

　本プロジェクトは多くの先行研究に基づき，「職場内でのソーシャルサポートとエンパワーメントを促進することでバーンアウトの低減，予防が実現できる」ことを仮定して実施したものである。ソーシャルサポートの効果については，3回の調査すべてで，バーンアウトに対して統計的に有意な負の効果を示していた。一方でエンパワーメントについては，第1回，第2回調査では有意な負の効果を示したものの，第3回調査では有意な効果は見られなかった。しかし，エンパワーメントがバーンアウトを高める要因となったわけではなく，3回の調査全体を通して，ソーシャルサポートとエンパワーメントはバーンアウトに対して，おおむね負の効果を発揮する，つまり，バーンアウトの低減や予防を目指す実践を構築する上で有用な変数であるということができよう。

　一方で3回の調査を通して，バーンアウト得点そのものには大きな変化は見られなかった。結論としては，ソーシャルサポートもエンパワーメントも，バーンアウト状態を無くす作用を持つものではないといわざるを得ないだろう。では，ソーシャルサポートとエンパワーメントはバーンアウトに対して，

128

どのような意味を持っているのだろうか？

第一の可能性は，「ソーシャルサポートとエンパワーメントの効果は部分的である」ということである。Lazarus & Folkman（1984）のストレスモデルに照らして考えると，本プロジェクトで測定しているソーシャルサポートとエンパワーメントは，ストレッサーをストレッサーと認知するか否かを決定する一次評価に関わるものではなく，認知されたストレッサーに対して対処可能かを判断する二次評価を行う際に参照する社会的資源や自己のコンピテンスとして機能するものであると考えられる。つまり，ストレス反応を呈しうる心理的・社会的状況に置かれたという認知そのものは，ソーシャルサポート，エンパワーメントに関係なく生じうるのである。また，一次評価は対処可能性を判断する段階であり，実際に対処できるかどうかはわからない。つまり，対処可能と判断したとしても実際に対処をしてみると可能な範囲を超えておりストレス反応を呈する可能性もある。加えて，ストレッサーに対する対処の結果は，「できた」「できない」という選択問題ではなく，ストレッサーの種類による違いはあれ，様々なコーピングを用いながら，ある程度の時間をかけながら成功と失敗を行き来つつ，最終的な到達点を探すプロセスと考えられる。例えば，失業により経済的な困難に直面した人が失業給付を受け，一時的に生活を維持しつつ次の職に就き，経済的な不安がない状態まで到達するというケースを考えれば，ストレス対処がプロセスであることは容易にイメージできるだろう。いかに前向きな思考の持ち主であろうと，友人知人からどれだけ金銭的な支援を受けようと，最終的な安定に至るまでは，再就職活動の不調，将来への不安など，一時的なストレス反応を呈しうることは想像に難くない。本プロジェクトの中でも，ソーシャルサポートやエンパワーメントによりストレッサーを対処可能と判断したとしても，時間の経過の中で一時的あるいは軽度なストレス反応としてのバーンアウトに陥った可能性は十分に考えうる。

第二に，多種多様なストレッサーに見舞われた可能性も考えられる。通常，

ストレス反応発生の理論モデルでは，単一のストレッサーがストレス反応を
引き起こすかどうかを決定づける要因や過程について説明している。しかし
実際の生活の中では通常，同時期に種類，程度，ともに多様なストレッサー
に同時にさらされ続けるのが自然である。その中には，本プロジェクトで取
り上げた職場のソーシャルサポートやエンパワーメントなどによって対処可
能なものもあるが，その効果を越えた，あるいは適用外のストレッサーに曝
された可能性もあるだろう。本プロジェクトでは，職務に関わるバーンアウ
トや職場でのサポート等に限って分析，検討をしたが，ストレッサーもサポ
ート源も職場以外にも存在するものであり，そうした本研究の分析外の要因
による影響も否定できない。この点については後段で，本プロジェクトの分
析結果の限界点として，改めて述べることとする。

　いずれにせよソーシャルサポートもエンパワーメントも，バーンアウトや
その他のストレス反応を完全に消失させるような「魔法の薬」ではない。た
だし，データ分析結果を見る限り，バーンアウトに対して統計的に負の影響
を及ぼしていることも事実であり，職務に関わるバーンアウトを悪化させな
い予防的な観点では，職場でのサポート関係の構築や，個人をエンパワーす
る職場のあり方を目指すことは，重要かつ効果的な手法といえるだろう。

プログラム評価の結果

　本プロジェクトのプログラム評価結果を記述するにあたり，はじめに，
「バーンアウト予防が実現できたか」というアウトカム評価，次にプロジェ
クトでの手法である「ソーシャルサポートとエンパワーメントの促進」が実
現し，それが「バーンアウト予防に結び付いていたか」というプロセス評価
の結果について述べたいと思う。

　まずアウトカム評価であるが，バーンアウトの得点のみに着目すると，取
り組み実施前である第 1 回調査でプログラム開始時期によって分けた 2 つの
学校群で差があり，第 2 回，第 3 回調査では学校群間での差がなかった。さ

らにいずれの学校群においても，３回の調査を通してバーンアウト得点に大きな変化はなく，目に見える取り組みの効果はなかったと言わざるを得ない。しかし，マルチレベル分析により個人レベルでのソーシャルサポートとエンパワーメントの影響を除外した学校レベルでのバーンアウト得点の平均の推移を見ると，①プログラム開始前の第１回調査では学校群間で差がなく，②前半開始校群のみでプログラムを実施したのちの第２回調査では前半開始校群のほうが後半開始校群よりバーンアウトの平均が低く，③両群ともプログラムを実施したのちの第３回調査ではその差が再びなくなるという経過を辿ったことが示されている。この点を踏まえると，本プロジェクト自体のアウトカム評価の結果として，このプロジェクトには統計学的な意味で効果があったと結論づけることができるだろう。そうはいっても，目に見える大きなバーンアウトの減少が確認されたわけではないため，実際的な意味で本プロジェクトに効果があったと主張することはできず，プログラム評価の意思決定機能の視点から考えると，本プロジェクトには，継続する価値があるという決断を下すことは困難である。しかし，これは予防プログラムのジレンマとも関わる重要な問題をはらんでいる。

　疫学において予防とは，罹患率を低下させることによって有病率を低下させることを目指すものとされている。つまり予防プログラムでは，起こっている問題を解決することは必ずしも目指しておらず，新たな問題が生じないが目的である。医療の領域ではこの関係性はわかりやすいだろう。インフルエンザワクチンを接種することで生じる結果は新たなインフルエンザへ罹患しないことであり，インフルエンザの治癒ではない。しかし，本プロジェクトのような心理社会的問題領域の予防手法は治療的手法と厳密に区別することが難しい。ソーシャルサポートの向上は，バーンアウト予防の手法であると同時に，現在，バーンアウトに陥っている人を回復させる可能性もあり，また（研究者も含め）人はそれを期待しうる。加えてバーンアウトは，医療領域での有症率のように罹患したかどうかという基準でみるものではなく，

程度の違いとして見ていくものである。つまり「何も取り組みを行っていな
ければさらに悪化したかもしれないバーンアウト状態を，悪化させずに維持
した」とすれば，予防プログラムとして意義があったという解釈も成立しう
るのである。そこでアウトカム評価としては，ここではプロジェクトの価値
レベルまでの言及は避け，暫定的に「本プロジェクトはバーンアウト状態を
悪化させることはなく，むしろ悪化を防ぐ効果を発揮した可能性が高い」，
という程度に結論をとどめ，プロセス評価とのかかわりの中で本プロジェク
トのプログラムとしての価値について改めて検討していきたい。

　プロセス評価を行う際に，一般的にはプログラムの忠実性，つまり，当初
の計画通りにプログラムが実施されたかが最優先の視点となる。しかし，本
プロジェクトでは，実施手順や回数などを綿密に計画したプログラムは実施
しておらず，モデルとなるプログラム例を参照しつつ各校の教頭が独自にプ
ログラムを展開することとした。そのため通常のような，プログラムの忠実
性の観点からのプロセス評価は難しい。そこで，各校で行われた取り組み内
容については次章で教頭へのインタビュー調査から検証することとし，数量
的分析による本章では，取り組みの結果として生じることが想定されている
ソーシャルサポートとエンパワーメントの上昇が生じたのか，さらにソーシ
ャルサポートとエンパワーメントの上昇がバーンアウトの低減に結び付くも
のであったのかについて考察していく。

　分析のまとめとして示したように，後半開始校グループでは，プログラム
の実施によりソーシャルサポート，エンパワーメントともに上昇していた。
前半開始校グループでもソーシャルサポートについては，特に第1回調査か
ら第2回調査にかけて，わずかながら上昇傾向が見られたが，エンパワーメ
ントについては低減する傾向を示していた。プログラムを実施する上での理
論モデルとして想定されたのは，ソーシャルサポート，エンパワーメントと
もに前半開始校グループでは第1回調査から第2回，第3回調査にかけて上
昇し，後半開始校グループでは第1回調査から第2回調査にかけては横ばい，

第2回調査から第3回調査にかけて上昇というものであったが，数量的分析の結果を見ると，そのような変化傾向は全く示されていなかった。一方で，アウトカム評価ではバーンアウトについて第1回調査では見られなかったグループ間差が第2回調査で生じ，第3回調査では再びグループ間差がなくなるという本プロジェクトの想定に沿った結果が得られており，同時にバーンアウトに対してソーシャルサポートとエンパワーメントが負の効果を持つという結果も全3回の調査で示されている。こうしたこと勘案すると，プログラムを実施した結果，ソーシャルサポートとエンパワーメントがどのように変化したのか，その過程について，さらに詳細に検討する必要がある。

　まずソーシャルサポートについて変化の様子を見ると，統計的に差はないとはいえ，前半開始グループでは第1回調査から第2回調査にかけて上昇し，後半開始校グループでは低下している様子が見られる。この期間中，後半開始校グループではプログラムは実施していないのだから，ここで生じている変化は自然に生じた変化であると考えられる。つまり，プログラムを実施しなければ統計的には横ばい，数値的には微減していたソーシャルサポートが，プログラムの実施により微増傾向へ転じた可能性が考えられる。次に第2回調査から第3回調査にかけての変化を見ると，後半開始校グループでは上昇傾向が見られ，前半開始校では微減に転じていた。後半開始校グループではプログラムの結果としてソーシャルサポートが上昇したことが考えられる。前半開始校グループについて微減となった理由については不明であるが，統計的分析結果のとおり実際には横ばいであったという説明以外に考えられるものとして，前半開始校グループでは年度前半にプログラムを開始したために，年度後半まで同質での継続ができなかった，言い換えれば，後半開始校グループがプログラムを実施している時期に前半開始校グループでは年度前半のようなプログラムが実施されなかった可能性が考えられる。しかし，アウトカムであるバーンアウトに対して第3回調査でグループ間差がなかったことを考えると，実際にはこうした状況が生じたとは考えにくい。

　そこで次に考えられるのは，前半開始校グループでは調査で測定した知覚的サポートは第2回調査から第3回調査にかけて横ばいもしくは低減したが，年度前半に行ったプログラムの効果としてサポートネットワークが構築された可能性である。先に述べたように，本プロジェクトで測定した道具的，情緒的サポート（知覚的サポート）は，ストレッサーに対する二次評価に関わる要因である。一方で社会的なサポートネットワークが構築されていると，そもそも職場の対人由来のストレッサー自体が減少することが考えられる。前半開始校グループでは年度前半にソーシャルサポート向上のための取り組みを行ったことで，単に知覚的サポートが高まっただけでなく，取り組みの過程でストレッサーが生じにくい状況を作り上げたのかもしれない。いずれに可能性についても，検証に要するデータを収集していないため推測の域を出ないが，アウトカムとしてプログラムの成果が見られている以上，さらに詳細な検討を続ける必要があるだろう。

　一方でエンパワーメントについては，バーンアウトとは異なる変化傾向を示している。前半開始校グループでは3回の調査を通して横ばいであるのに対して，後半開始校グループでは第1回調査から第3回調査にかけて一貫して上昇傾向を示している。つまり自然変化の結果である後半開始校グループでの第1回調査から第2回調査にかけての変化が上昇傾向であるのに対して，その時期にプログラムを実施していたはずの前半開始校グループでは目に見える変化がなかったのである。人がエンパワーされる過程の1つとしてサポート関係の構築が挙げられることもあり（Conger & Kanungo, 1988など），プログラム実施上および測定上，ソーシャルサポートとエンパワーメントを明確に弁別することができなかった可能性がある。

　また，第7章で述べる教頭へのインタビューの中で，多くの教頭が，ソーシャルサポートの考え方や取り組みについては具体的なイメージを持つことができたが，エンパワーメントについては十分な理解が得られなかったことを語っている。つまり，プログラムとして，エンパワーメントを促進する取

り組みが十分に実施されなかった可能性もある。

　エンパワーメント促進のための取り組みが実施されたのか，それがどのようなものであったのか，さらに，ソーシャルサポートとエンパワーメントの効果をどのように弁別することができるのか。これらの問題を明らかにするためには，プログラムの実施過程，すなわちプロセスの評価，特にプログラムの実施の質に関する形成的評価を，より精密に行う必要がある。本プロジェクトでは，第7章で述べるインタビューの中で，プログラムのプロセスとして，様々な試みについて語られている。本プロジェクトのようなプログラムの実践方略によって，バーンアウト予防に対する相応の効果が見られる（目指しているアウトカムが得られる）可能性があり，またプロセス評価の対象となる取り組みも生み出されたことも示された。今後，本プロジェクトが進めていた，専門家による支援を得ながら現場の教頭がプログラムを自主的に開発するプロセス，さらにそのプログラムが教員一人ひとりに効果を及ぼすプロセスについて，より詳細なプログラム評価を行うことが求められるだろう。

まとめ

　ここまで，3回の数量的調査の分析結果に基づき，本プロジェクトについてプログラム評価を行ってきた。まずアウトカムとしては，プログラムの実施によって教員のバーンアウトが低減する傾向を得ることができた。またプロセスについて見てみると，ソーシャルサポートについては限定的ながらプログラムによって上昇している可能性が示唆されたが，エンパワーメントについてはプログラムがどのように影響したか，あるいは，しなかったかが明確ではなく，プログラムの質の観点から検討を要すべきであることが示された。以上から，全体として本プロジェクトは，学校教員のバーンアウトを予防するプログラムの端緒としては一定の効果を発揮するものであり，本プロジェクトの理論モデル，方法論を基にしたプログラムを学校教員のバーンア

ウト予防のために実施することは有効であるといえよう。

　ただし，ここまで述べてきたように，数量的検討から見られる範囲でも，本プロジェクトには解決すべき課題や問題点，限界点が存在する。第一に本プロジェクトの中では，バーンアウト得点自体は，プログラム開始時期，調査時期に関わらず，ほとんど差や変化が見られなかった。バーンアウト得点が上昇したわけではないので，一定の状態を保つことがという点で予防プログラムとしては一定の成果を示した可能性が十分に考えられる。しかし，準実験計画を導入したとはいえ，プログラムを全く実施しなかった学校とは比較しておらず，成果を示す根拠に乏しいことは否めない。この問題を解決する最も簡単，かつ唯一の方法が統制群を配置して比較研究を行うことであるが，実践研究の中では，統制群を配置することが困難なことも多い。例えば，本プロジェクトでも見られたように，効果が見込まれる取り組みを一部の対象者に実施しないという判断は，問題を感じている現場の人にとって，容易に受け入れられるものではない。一方で，こうした問題から，統制群を配置せずに，研究精度を高めるために開発されたのが準実験計画であるが，統制群を配置した実験計画と比較すると，限界があることは否めない。統制群を配置したランダム化比較研究デザインを目指しつつも，可能な限りで科学的に妥当なデザインを採用しながら，実践を繰り返し，検証を重ねることが，中長期的視点での解決策と言えよう。

　これに関連し，教員のバーンアウトのベースラインや，年間を通じての変化についてのデータも不足している。学校教員の職務は，年度という単位でサイクルを繰り返すものである。年度初めには，児童・生徒の視点で見れば進学や進級，教員の視点では人事異動など，新たな環境への適合というストレスフルなイベントが生じる。年度末には特に中学校では高校受験という，やはりストレスフルなイベントが存在している。ほかにも学年暦というサイクルの中で，定期的に訪れるストレスフル・イベントが想定され，そうしたイベントによってバーンアウトについても年間を通して推移するものである

可能性がある。さらに実社会での実践的研究という特徴から，そのほかの様々な予期せぬイベントの影響についても，十分に統制，勘案することができていない。教員個人のレベルでいえば，例えば，たまたまある年は問題を抱える児童・生徒を担任することになり，極端にバーンアウト傾向が高まることがあるかもしれない。学校レベルでも，ある年は行政施策の改訂により新たな職務負担が増え，一時的にバーンアウト傾向が高まるということもあるだろう。本プロジェクトの中ではそうした外的要因については全く検討されていないため，継続的な追跡調査を行い，学校内外で発生する様々なイベントとの関連を見ていくことが重要であろう。

　第二に，外的要因の影響に関わって，実際に教員がどのようなサポートを得ているのかについても検討する必要がある。状態的なバーンアウトについては知覚的サポートの効果が理論的に示されているが，上で述べた突発的なストレス・イベントに対して対処をするためには，実際に実行されるサポートも必要である。本プロジェクトによって高められたであろう知覚的サポートやサポート関係の構築が，実際にサポート授受を必要とする事態でどのように働くかは，新たな興味となる。

　また本プロジェクトでは，教頭らの自律的な職場環境改善の取り組みを促進し，その取り組みを専門的に支援する上で基本となる協働的なパートナー関係の構築を重視するために，研究者主導でのプログラム実施は避け，プログラム例に基づく自主的な取り組みを促したに過ぎなかった。つまり数量的分析とは別に，教頭がそもそもどのような取り組みを行ったのかについて明らかにする必要がある。そこで本プロジェクト終了後，教頭らに対してフォローアップ・インタビューを行い，教頭らがプロジェクトについてどのように考え，また学校の中でなにを行っていたのかについて明らかにすることとした。次章で，インタビューの結果について検討を進める。

第7章　インタビュー調査に基づくプログラム実施プロセスの評価

　第6章では数量的な分析に基づき，プログラムの効果すなわちアウトカム評価を中心に検討をした．結果的にはバーンアウトを低下させるには至らなかったものの，プログラム実施にとって悪化を防止することができたといえる．またプロセス評価の一部として，分析手続き上の不備はありつつも，プログラム実施期間中にソーシャルサポートとエンパワーメントの向上とともにバーンアウトが低減する傾向を見ることもできた．第7章ではプロセス評価として，プログラムの実施状況について，教頭らに対するインタビューをもとに検討を進める．

第1節　フォローアップ・インタビューの目的

　フォローアップ・インタビューを開始した当初は，各学校の教頭が，実際に行った具体的なプログラムの内容を抽出し，ソーシャルサポートとエンパワーメントを促進するような働きかけが行われていたのかを明らかにすることを目的としていた．しかし，後述するように，具体的なプログラムの内容に関する語りが得られたのは最終的に3名にとどまり，構造化されたプログラム内容を検討する上で十分なデータを得ることができなかった．そこで，インタビュー開始後に，目的を変更し，プログラムに関わる部分については，"ソーシャルサポートやエンパワーメントの促進といった，本プロジェクトの理論モデルが，教頭らに理解され，定着していたのか"，"理論モデルの理解が，日々の学校運営や教員との関わりの中に反映されていたのか"を探索的に検討することとした．

　しかし，具体的な取り組み内容に関する語りが得られなかったからことが，「校内で何も行われなかった」ことを意味するわけではない。後段のインタビューの分析結果で述べるように，教頭の主観でプログラムとみなせる取り組みが行われなかったとしても，プログラムの理論モデルを教頭一人ひとりが自分なりに理解し，その理解を教員に対する関わりに反映させていたケースがほとんどである。こうした，日々の働きかけの工夫を抽出することで，学校というコンテクストで実際に実施可能な，新たなプログラムの開発へ向けた示唆を得ることもできると考えられる。

　さらにインタビューを通して，エンパワーメント評価の評価，つまり，本研究の取り組み過程がエンパワーメント評価の原理にどのように対応していたのかを明らかにすることも目指した。特に研究者と教頭との関係性，主体的なプログラムの実践と評価に対する態度，また組織における評価の位置付けなどに注目することとした。

第2節　インタビュー実施方法

インタビュー協力者

　本研究を実施した16校中，小学校9校，中学校1校の合計10校の教頭（10名）からインタビューの協力を得た。以下，教頭Aから教頭Lと表記する。小学校が11校中9校（約82％）から情報を得られたのに対して，中学校が1校のみであった。中学校の教頭から協力が得られなかった最大の理由は，インタビューを行った時期が高校入試の時期と重なり，1年で最も多忙な時期であったことにある。このためインタビューから得られた情報は基本的に小学校のコンテクストに関わるものが中心である。

インタビューの手続き

　当初，複数の質問項目を用意した半構造化面接形式でインタビューを開始した。しかし，1人目のインタビュー開始直後から，教頭は研究者に話したいことがとても多く，構造を持ったインタビュー形式を保持することが難しいことが明らかとなった。また，インタビュー構造を維持しようとすることで，得られる情報が乏しくなったり，インタビューの協力に対する教頭の動機づけを損なってしまう可能性が考えられた。そこで途中から，半構造化の形式を無理に維持しようとせず，質問項目を「プログラムとして学校内で何を行ったのか」「協働的なプログラムの計画，実施，評価の過程がどのよう進んでいたか」の2つに絞り，教頭らの自由な語りを引き出すよう心がけることとした。インタビュー各教頭が働く学校で行われ，1回のインタビュー時間は1時間〜1時間30分であった。インタビューの録音データを文字起こしし，コンピュータによるテキストマイニングの手法を用いて分析した。なお，分析に使用したソフトウェアは Text Mining Studio（NTT データ数理システム）であった。

第3節　インタビュー内容の分析結果

全ケースを通した頻出語

　個別ケースの分析に先立ち，インタビューでどのようなことが語られたのか全体像を把握することを目的として，出現頻度に基づく語の抽出を行った。抽出条件を名詞のみとし，「私」のように会話の中では頻出するが，インタビュー内容を理解するうえで重要と言えない語を省き，表7.1にまとめた。

　もっとも頻繁に表れた語は，のべ54回出現した【発表】であった。この研究プロジェクトが始まったきっかけは，教頭会が研究指定を受け，成果の発

表7.1　全ケースを通した頻出語
（名詞のみ上位18語）

語	頻度
発表	54
教頭会	49
ソーシャルサポート	46
アンケート	40
研究	39
バーンアウト	32
研究者	31
子ども	24
言葉	23
エンパワーメント	23
質問紙	17
数値	16
意識	16
保護者	16
必要	15
小学校	14
中学校	14
やる気	10

表しなければならなくなってしまったことであった。実際，地域レベル，県レベル，地方レベルで研究発表が行われたが，通常は実践事例が報告されることが多い発表会のなかで，データに基づく分析結果を提示していること，特定の学校の実践ではなく市単位の全校で実施していること，さらに取り組み内容のユニークさなどで注目を集めた。これが教頭らの動機づけと自尊心を高めたことがプログラムの継続にも影響を及ぼし，インタビューでも多く語られたものと考えられる。興味深いことに，【ソーシャルサポート】や【エンパワーメント】，【バーンアウト】など，プロジェクトの中心となる用語も頻出したものの，それ以上に【研究者】，【アンケート】，【研究者】，【質問紙】，【数値】など，このプロジェクトの科学的手続き論に関わる言葉が頻

出していた。つまり全体的な傾向として，ソーシャルサポート，エンパワーメント，バーンアウトなど，教員のメンタルヘルスに関わる事柄に関心を持ったことは当然として，科学的な評価，研究の方法にも強い興味を惹かれたことが考えられる。

各ケースの分析

　頻出語の傾向から，教頭らはバーンアウトの予防におけるソーシャルサポート，エンパワーメントの影響についてはもとより，評価に関わる調査や手法についても関心を寄せていたこと，つまり，インタビューの中でプログラムのアウトカムに関わる部分とプロセスに関わる部分の両側面が語られたことが示された。この結果を踏まえ，ソーシャルサポート，エンパワーメント促進に関わる取り組み内容と，プログラム計画，実施，評価のすべての過程における教頭と研究者との関係について検討することとした。

個別ケースに対する分析手法

　ケースごとに分析する手法として，①ケースの特徴語の抽出と②ネットワーク分析を用いることとした。①特徴語とは，他のケースと比較の中で，そのケースにのみ頻出した語のことである。例えば，先の全体分析で最頻出語であった【発表】という言葉は，必ずしもケースの特徴語とは限らない。全体で出現頻度が高いということは，多くの教頭が頻繁に用いた語である可能性が高く，個別ケースを特徴づける語とはならない。逆に，全体では出現頻度が低かった語であっても，その語が特定のケースにのみ出現したならば，そのケースを特徴付ける語として重要な意味を持ちうる。本研究では，補完類似度（complementary similarity measure: CSM）を指標に，自立語である名詞，動詞，形容詞を対象に分析した。

　補完類似度とは，特定の語と，特定の話者との結び付きの強さを示す指標の強さであり，値が大きいほど，語と話者との結び付きが強い，すなわち，

その語がその話者に特徴的に見られるということを意味する。一般に,「事象 X の出現頻度について, 条件Aと条件Bには違いがあるか?」という問いに答える方法として, χ^2 検定などの指標を用いる。しかし自然言語分析の場合, 事象Xに当たる「ある語」の出現頻度が,「X以外の語」の出現頻度と比べて, 極めて小さいことも珍しくない。このように出現頻度の差が極端に異なる事象に対して χ^2 検定を適用すると, χ^2 が過度に低く見積もられてしまう。これに対して補完類似度は, Xという語とX以外の語の出現頻度の違いを無視した指標となっているため, χ^2 検定に比べ, 特徴語の検出能力に優れていると考えられる (服部, 2010)。

　本研究における分析では, 補完類似度に基づいて抽出された特徴語について, 各語が使用された談話を参照し, 内容の検討を行うこととした。

　②言語ネットワーク分析は社会ネットワーク分析を応用した手法で, 発話における概念間の結びつきを図示する分析方法である。社会ネットワーク分析とは, 人を点(ノード)で表現し, 人と人との間にある関係性を一定の手法によって数値化し, ノードとノードを数値に基づく線や矢印(ブランチ)で描く。この手法を援用した言語ネットワーク分析では, 形態素をノードとし, 一文内での共起関係をブランチとして描くこととなる。

　言語ネットワーク分析を用いることで, 超大な自然言語による談話を, 簡便に要約, 可視化することが可能となる。本研究での分析では, コンピュータによる処理の際に, 先に述べた特徴語を抽出する時と同条件にすることで, 特徴語が, 談話の中でどのように用いられていたかが, 表現されると考えられる。言語ネットワーク分析の結果を解釈する際には, 先に述べた特徴語のうち, 特に使用頻度が高かった語および, 本プロジェクトの背景理論に関わる変数(ソーシャルサポート, エンパワーメント, バーンアウト)に関わる語に注目して, どのような内容, 文脈で語られているかを追うこととした。これにより, 各教頭が, 本プロジェクトをどのように受け止め, プロジェクトの背景にある変数をどのように理解していたのかを明らかにし, 校内で教頭が行

っていたプログラムの内容を含め，プロジェクトのプロセス，全体像を検討
することとした。

教頭Ａ：57歳女性，小学校，教員数21名

　教頭Ａは自校での取り組みとして，研究者が紹介した高志モデルを実施し
ている。はじめに特徴語（表7.2）を見ると，【研究者】と【アンケート】と
いう2つの言葉が表れている。これらの語に関連したＡ教頭の語りとして
「【アンケート】を実施すること自体が教員影響を与えていた」「【アンケー
ト】に答えることが，自分たちが何をして，何をしなかったのかを振り返る

表7.2　教頭Ａのインタビューにおける特徴語

語	個人頻度	全体頻度	補完類似度
アンケート	18	51	36.3
研究者	11	33	26.0
良い	2	5	19.3
先生方	14	90	16.2
ソーシャルサポート	9	52	11.1
1人	5	9	10.9
自分	16	97	10.7
教頭会	8	59	10.0
やる気	6	12	9.9
影響	4	4	8.9
職場環境	4	4	8.9
S小	3	3	8.9
本気	4	4	8.9
大切	3	5	8.6
子ども	6	30	8.5
小グループ	3	5	8.3
新た	3	5	8.3
悩む	3	7	8.3
アドバイス	3	6	7.9
状態	3	9	7.9
振り返る	3	7	7.9

144

機会となった」などがあった。研究者とともにアンケートを行うことが教師への影響を強めたこと，アンケートの実施自体がソーシャルサポートやエンパワーメントの重要性を思い起こさせる，プログラムとしての効果持っていることが示された。

　次に，【ソーシャルサポート】という言葉を8回使用しており，教頭Aにとって重要であったことがうかがわれる。さらに【職場環境】という言葉が教頭Aの発話として特徴的に現れている。ネットワーク図の右上の部分を見ると，【先生同士】が【ソーシャルサポート】を【しあえる】ことが【働きやすい】ことに繋がっているように解釈することができる。ネットワーク図の左上の部分には，教頭Aが自校に高志モデルを導入した時の様子についての語りが表現されている（「先生が自分の学級の問題について話すと，先輩の先生が『こういうふうにしたらどう？』とか『私にもそんなことがあったよ』ってサポートをしていた。」）。『こういうふうにしたらどう？』と具体的な対処方法について行うアドバイスは道具的サポートであり，「私もあった」と経験を共有する様子は情緒的サポートに相当すると考えられる。教頭Aからは，高志モデルを導入することで，教員間のサポート関係が作られていった様子が語られた。

　ソーシャルサポートの促進に関わる経験についての語りが多かったのに対して，他の重要概念【エンパワーメント】は4回，【バーンアウト】は2回しか用いられておらず，特徴語として浮かび上がることがなかった。ネットワーク図上（図7.1）でも，他とは別れて表れている。そもそも専門用語で表現された心理学的概念は，A教頭に限らず，すべての教頭にとって聞き慣れないものであった。研究者は協働的なプロジェクト推進のために概念について繰り返し説明していたが，A教頭にとっては，実感を持ちやすいソーシャルサポートには注目し理解ができたが，他の言葉が理解できたという実感を持つには至らなかったようである。結果として，非専門家コミュニティとの協働的な取り組みの中で専門的な概念や用語を用いることの難しさ，限界

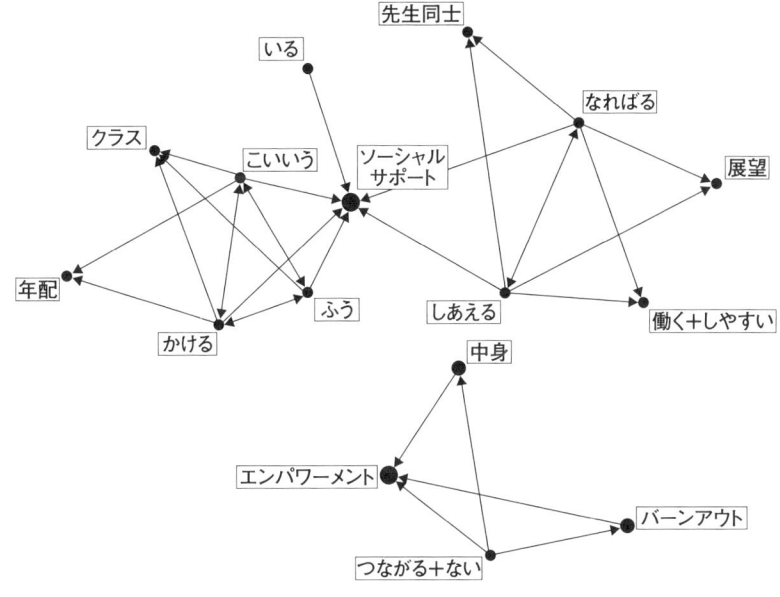

図 7.1　教頭 A のネットワーク図

が明らかになったと言える。

教頭 B：58歳女性，小学校，教員数11名

　教頭 B のインタビューで最も特徴的であった語は【アンケート】であった（表7.3）。教頭 B は，【アンケート】という言葉を，本プロジェクトで実施している一連の調査と，本プロジェクトとは関係ない他の様々な調査という，2つの異なるものを指して用いていた。1つ目の本プロジェクトに関わる調査については，教頭 A と同じように，調査を実施すること自体の影響について語っていた。しかし，教頭 A が，調査実施自体がプログラムとしての効果を持っていたことを指摘していたのに対して，教頭 B は調査の実施に対する教員の態度について語っていた。例えば，「私が日頃，先生方の前に立ってどのように関わっているかが，先生たちの調査に対する態度に表れていると

表7.3 教頭Bのインタビューにおける特徴語

語	個人頻度	全体頻度	補完類似度
アンケート	19	51	23.3
感じる	10	56	18.0
職場	9	16	16.0
外部	7	12	14.9
指導	8	19	14.5
数値	4	8	13.1
見る	12	79	11.9
仕方	5	5	11.1
研究	14	61	11.1
かねる	15	49	9.7
面	6	29	9.3
教職員	5	21	9.0
高める	4	12	9.0
期待	5	5	8.3
先生自体	3	3	8.3
裏づけ	4	4	8.3
持つ	4	16	7.9
ねる	4	7	7.5
具体的	3	6	7.3
○さん	7	23	6.9
興味	3	8	6.9
配る	4	13	6.9

思う」というように、日頃の信頼関係がなかったら、3回もの調査への協力を得ることはできなかったと感じていた。さらに教頭Bにとって、調査は自身の日頃の業務を振り返るきっかけとして働いたとも述べていた。

　2つ目の「他の調査」に関わる語りとしては、過去に実施した調査についての経験が語られた。過去に実施された公立学校共済組合と地元の国立大学が共同で行った学校での経験が語られた。教頭Bは過去に経験した学校での様々な調査を、必ずしも好意的には受け止めていなかったようである。しかし、本プロジェクトでの調査については、「(教員のメンタルヘルスについては、日ごろから取り組んではいるが)調査をする

なら…結果が気になる…緊張感…意識する」というように語っており，調査を実施することで，プロジェクトの意義や目的を意識した取り組みを，より積極的に行えるというように，好意的に捉えているようだった。

　また，科学的な評価手法に関わる語も特徴語として表れている（【外部】【数値】【研究】）。教頭Bの語りでは，それまでも自身が感じていた教師の様子が，【外部】からの【研究】者が入った調査によって【数値】化されて表現されたこと，そしてその【数値】が教頭Bの抱いていた実感と一致していたことに感銘を受けたことが述べられていた。

　教頭Bのインタビューの特徴語の3つ目は，【職場】である。ネットワーク図には表れなかったが，バーンアウトを予防のするためには，ソーシャルサポートやエンパワーメントが促進される職場づくりや職場づくりのありかたが大切と感じていた（「先生たちは，管理職に理解され受け入れられていると感じると，やる気がでるんです。それが明るい職場づくり，楽しい職場づくり，満足できる職場づくりにつながるんです」）。

　ネットワーク図（図7.2）のなかでは，下の部分に【ソーシャルサポート＋？】を中心とした構造が独立している。ここは，インタビュー時点で学校で問題となっていた重い発達障害を抱える児童に関する一連の語りが表れた部分である。発達障害への支援は学校教育の今日的課題として重要であり，同時に個別ケースへの対応のためストレッサーとしても大きな問題である。しかし，特定のストレス源への反応やそれに対する特定のサポートについての分析は，本プロジェクトが目指している範囲を超えているため，割愛する。

　ネットワーク図の中でバーンアウトとソーシャルサポート，エンパワーメントが結びつく構造が見られることから，教頭Bの中に，本プロジェクトの理論的背景が浸透していたことがわかる。さらに詳しく見ると，教頭Bはソーシャルサポートと【メンタル】が結びついており，「【貸し借り】だけでは【意味がない】」と考えて，ソーシャルサポートにおける情緒的側面に注目をしていた。また，【ソーシャルサポート】から，【ヒント】，【結論】，【与え

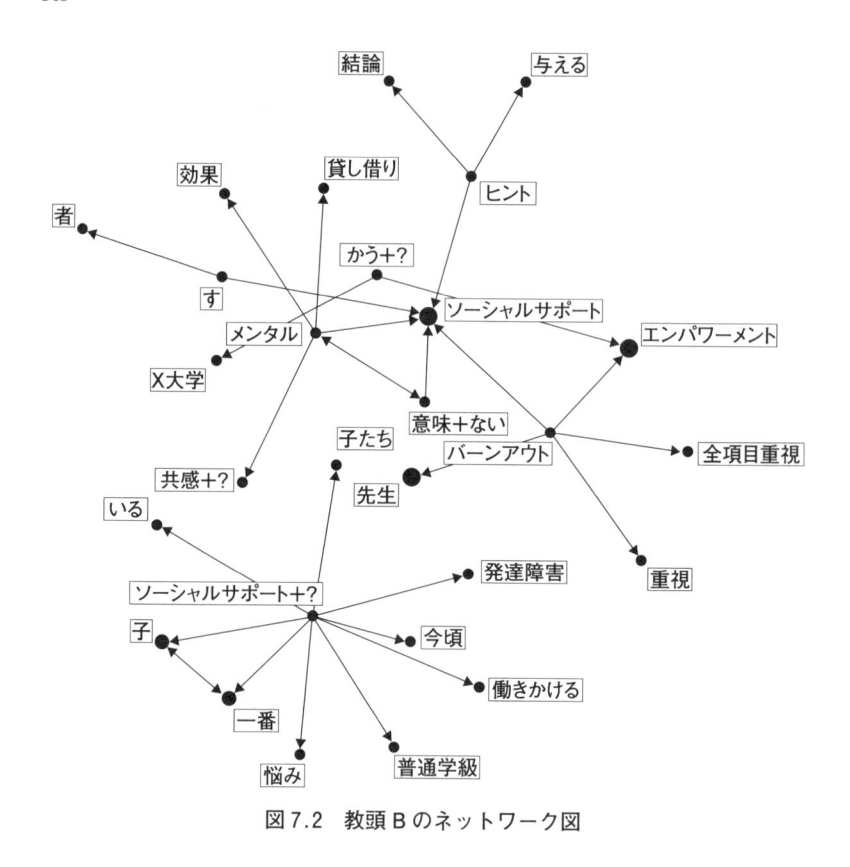

図7.2　教頭Bのネットワーク図

る】が結びついており，教頭Bは，外部者，専門家である研究者に対して，「職場がうまくいっていない時に，先生たちに対して管理職としてどうサポートをしたら良いのか，そのヒントを期待」していた。さらに教員同士のサポートとともに，職場では上司からのサポートが重要であることにも触れていた。

教頭C：51歳男性，小学校，教員数11名

　教頭Cの特徴語として際立っているのは，【地域】，【学校評価】【個人事業

主】の3つであろう（表7.4）。教頭Cは，地域の中での学校という存在を重視している（「今，先生たちは自分たちの学校を，地域の中のものとしてみなければならない」）。教頭Cがこの考えを強固にしたきっかけは，以前の僻地校での勤務経験にあるという。そこでは教師と地元地域の人々との関係は非常に密で（「山に囲まれ，海に面した学校に勤めていた時は，地元の人との関わりが近かった」）。この考えから，学校の教育機能を保護者や地域住民とともに査定，評価することが重要であると考えている（「保護者や地域の人が，学校をどう見ているのかを知る必要があると思うんです」）。

表7.4　教頭Cのインタビューにおける特徴語

語	個人頻度	全体頻度	補完類似度
割合	8	8	19.7
必要	6	8	13.7
地域	5	10	12.7
実践	5	16	11.9
言う	6	28	11.9
臨時採用	4	5	10.9
学校評価	4	6	10.5
部分	6	19	10.5
意味	6	23	9.8
先生方	14	90	9.6
すねる	37	102	9.5
大事	4	12	9.1
とこ	14	72	8.4
個人事業主	3	3	8.4
受け取る	2	2	8.4
お互い	4	12	8.4
本校	3	4	8.1
プラス	4	6	7.7
協力	3	10	7.7
皆さん	5	9	7.4
逆	3	6	7.4
伝える	3	6	7.4
有り難い	3	6	7.4

　また，【学校評価】や【個人事業主】という言葉を使って，学校を取り巻く近年の教育行政の動きや文化的状況に対する考えについて語っていた。プロジェクトの過程で研究者は評価の重要性について繰り返し話をしていたが，教頭Cはこのプロジェクトの枠を超えて，学校評価事業への応用可能性にまで考えが及んでいた。担任教員が学級を抱え，他の教員はおろか管理職ですら口出すことが憚られる日本の小学校において，教頭Cは，「学校評価は効果的に使えるしくみ」と考えていた。担任が学級を抱える様子を【個人事業主】と表現し，学校評価は教員一人一人が自分の職務を振り返る機会になると考えていた（「自分自身を振り返らないといけない。」）。一方で，ともすると学校評価が教員個人を査定するものとして働いてしまい，教員から教育への熱意を失わせ，バーンアウトへ導いてしまうのではないかという危惧も感じていた。そのため教頭Cは，教員の日々の努力を正しく振り返り，教育活動を発展させるための効果的な機能を発揮しない限り，「学校評価の導入には反対」と述べていた。

　次にネットワーク図（図7.3）を見ると，【エンパワーメント】の語を含む構造が独立していることがわかる。インタビューの中でも，教頭Cは【ソーシャルサポート】と【バーンアウト】については他の言葉と結びつけつつ語っていたが，エンパワーメントについては，「エンパワーメントをしようと思った」というような表現に留まっていた。つまり，教頭Cは【エンパワーメント】という概念に興味は持ったものの，他の概念と結びつつどのようにしてプログラムの中に統合すればよいのか，自分たちの日常業務とどのように結びつければよいのかがわからなかったと思われる。

　次に【バーンアウト】に注目すると，教頭Cはバーンアウトという概念に対して，強い興味を抱いていたが，同時に「本校にはバーンアウトしている教員はいない」と断言していた。また，バーンアウトを構成する因子の中でも特に【個人的達成感】に注目をしており，バーンアウトを予防するためには，個人的な達成感を高める積極的な取り組みが重要と考えていた。

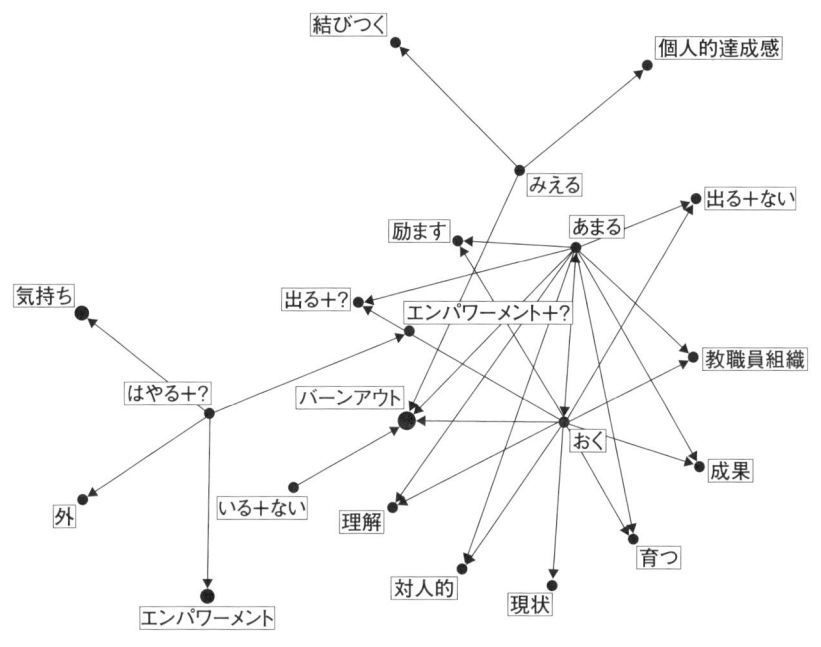

図 7.3　教頭 C のネットワーク図

　興味深いことに，教頭 C のインタビューの中では，ソーシャルサポートという言葉は聞かれなかった。しかし，自校にバーンアウトが見られない理由を語る中で，【教職員組織】の中で，【対人的】な【励まし】の関係がバーンアウトの低減，予防に繋がっていると語っていた。教員間相互の励ましあいはソーシャルサポート，中でも情緒的サポートに相当すると考えられる。教頭 C はインタビューの中でソーシャルサポートという言葉は使用していなかったものの，ソーシャルサポート自体の重要性は認識しており，すでに自校内でやり取りされているサポート関係がバーンアウトの低さにつながっていると考えていることが明らかとなった。

表7.5　教頭Dのインタビューにおける特徴語

語	個人頻度	全体頻度	補完類似度
発表	16	75	34.8
やる	13	83	28.9
数値	1	8	20.7
県	6	13	14.9
研究	14	94	13.8
統計処理	5	5	13.4
しょうが+ない	3	5	13.1
受ける	1	2	12.2
1年	4	16	10.4
出す	1	1	10.1
いく+ない	5	16	10.0
納得	3	4	9.7
質問紙	5	19	9.5
難しい	4	10	8.9
Oさん	3	7	8.8
Iさん	3	7	8.8
方法	5	12	8.2
O教頭先生	3	11	7.9
面白い	5	8	7.9
人	9	17	7.8

教頭D：50歳男性，小学校，教員数9名

　教頭Dは某市教頭会の中でこのプロジェクトの担当者であり，県および地方教頭会大会での発表責任者でもあった。つまり，本プロジェクトにおけるゲートキーパーの役割を担っており，研究者と頻繁に連絡を取り合う関係にもあった。プロジェクトにおける立場の違いから，教頭Dの語りの中心は，自校での取り組みの様子よりも，プロジェクト全体にする印象に関わるものであった。

　教頭Dの特徴語（表7.5）としては，【発表】，【数値】，【県】，【研究】，【統計処理】，【質問紙】などが抽出された。こうした言葉からも教頭Dの立場が明らかとなっている。本プロジェクトの責任者として，教頭会県大会での発

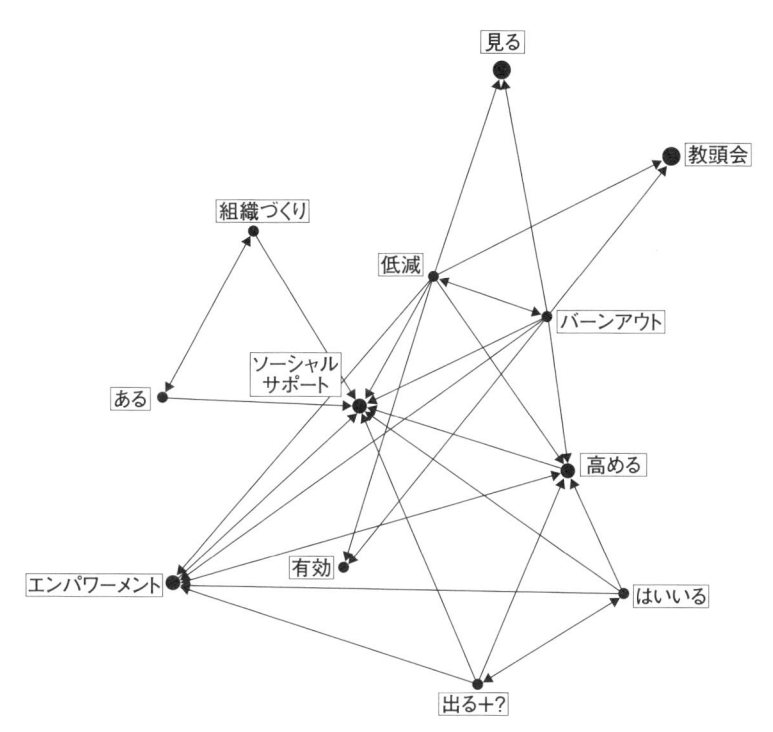

図7.4　教頭Dのネットワーク図

表の印象が強く，質問紙調査のデータを統計的に分析して発表するという経験は，教頭Dやこのプロジェクトに関わる教員だけでなく，県大会や地方大会で発表を聞いた多くの教員にとって，新鮮なものであったようである。

　次にネットワーク図（図7.4）を見ると，プロジェクトを推進する役割を担っていたことを反映しているのか，プロジェクトの理論的な中心であるバーンアウト，ソーシャルサポート，エンパワーメントの3つの概念間の繋がりが図示されている。

　さらにネットワークを丹念に追跡すると，【ソーシャルサポート】と【エンパワーメント】を【高める】ことが，【バーンアウト】の【低減】に【有

効】であり，【ソーシャルサポート】は【組織作り】によって成し遂げられるというように，理論と実践を結びつけた正確な理解があることを見出すことができる。

　インタビューの中では，研究者とのコミュニケーションがより深く密になるにつれ，参加している教頭らの中で，概念や理論，そしてその理論に基づいてプロジェクトが目指していることについての理解が進み，さらに思考と行動の中に浸透していったと述べていた。教頭D自身の内的変化や学校での取り組みについてインタビューから明らかにすることはできなかったものの，プロジェクトを推進する上で，影響力のあるゲートキーパーの強力なリーダーシップの存在が有用であったことが明らかとなった。

教頭E：53歳男性，小学校，教員数16名

　教頭Eの特徴語（表7.6）は，いずれも【わかる】に関わるものであった（【わかる】【わかる＋ない】【わかる＋しにくい】）。E教頭が【わかる】に関わる発話した回数は，のべ28回に上った。実際の発話を見ると，「【最初】，プロジェクトで使われている心理学的理論や概念（ソーシャルサポート，バーンアウトなど）や統計分析の結果の【意味】が【わから】なかった。しかし，プロジェクトを進める中で研究者と話し合いを重ねるにつれて次第に理解が深まっていった」というように，協働的な取り組み内容によって，研究や調査の方法やフィードバックの内容の【意味】を理解していった過程が読み取れる。

　次にネットワーク図（図7.5）を見ると，ソーシャルサポートを中心にバーンアウトとエンパワーメントが結びついている構造となっている。図の左側を詳細に見るとソーシャルサポートとエンパワーメントの促進によって，バーンアウトの予防が可能という理解が構成されていることがわかる。しかし他のケースと同様に，エンパワーメントよりもソーシャルサポートを重視する傾向が見られた。例えば，「エンパワーされた人に対しては，ただ『頑

表7.6　教頭Eのインタビューにおける特徴語

語	個人頻度	全体頻度	補完類似度
やる	9	83	36.0
わかる	2	9	26.4
最初	10	39	22.5
意味	8	23	20.3
報告	6	19	18.8
わかる＋ない	8	44	18.3
1年	7	16	14.0
質問紙	6	19	13.0
教育委員会	4	6	12.7
見方	4	7	12.7
2年	5	23	10.3
説明	5	21	10.3
校長会	3	3	10.0
斬新	3	3	10.0
了解	3	3	10.0
わかる＋しにくい	3	5	9.4
各学校	3	4	9.7
普通	3	6	9.7
考え方	3	5	9.4

張れ』って言えばいい。でも個人的には，先生たちにとってバーンアウトの予防のためには，サポートの方が大切だし，必要だと思う」という語りがあった。さらに，教頭自身の手でバーンアウト予防のためにできることがある，教頭が学校で重要な役割を担うことができるという発想が新鮮に映ったようである（【ソーシャルサポート＋できる】が，【教頭】，【バーンアウト】，【斬新】に結びついている）。

　全体として，教頭Eにとってはじめは理解ができなかった心理学的な理論や概念が研究者との協働的な取り組みの中で理解できるようになり，次第に自分の教頭としての取り組みにとって重要なものとなっていったこと，概念が明確になることで実践の中での自分の立場や役割，自分ができることに気づいていったことが語られたと言える。

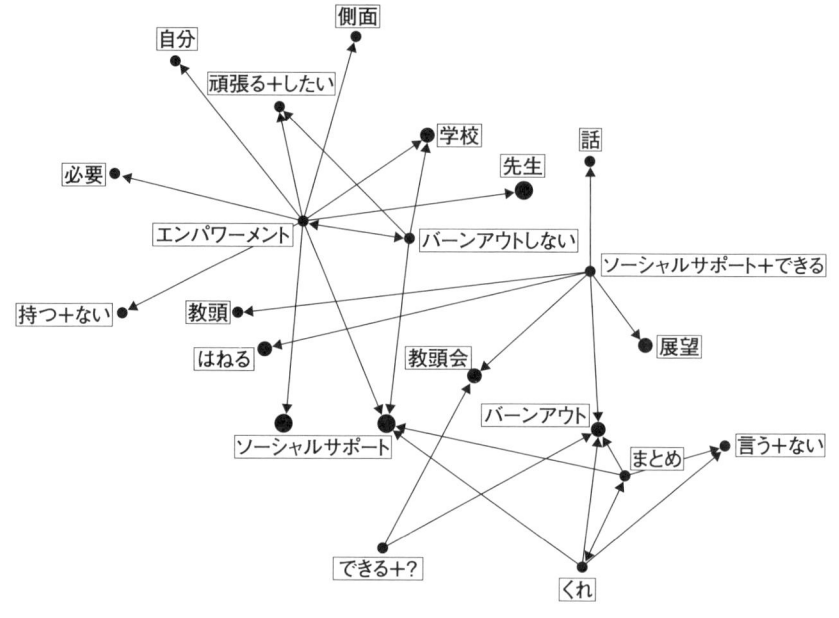

図7.5　教頭Eのネットワーク図

教頭F：54歳男性，小学校，教員数11名

　教頭Fのインタビューの中で最も特徴的だった語は【子ども】であった（表7.7）。インタビューの中では，「昔と，子どもたちが変わった」「ここ数年，子どもたちが変わっていって，子どもと関わることに疲れを感じることがある」「変化が激しい子どもたちに関わるために，先生たちはタフじゃないと」というように，近年の子ども像の変化がバーンアウトの発生につながっていると感じている。これは，落合（2004）がエスノグラフィーの中で描いている教師像とも通じている。

　他に，【手助け】という言葉も特徴語として挙がった，教頭Fは，ソーシャルサポートという学術用語を自分なりに理解する手段として，語の中では自分が使い慣れた【手助け】という用語に置き換えていたようである。

表7.7　教頭Fのインタビューにおける特徴語

語	個人頻度	全体頻度	補完類似度
子ども	14	30	22.4
先生方	19	90	17.5
発表	19	75	16.2
思う	12	114	14.7
手助け	10	14	14.2
持つ	9	36	13.8
感じ	10	56	12.2
大変	7	18	11.8
言う	4	28	11.7
S小	4	4	10.0
付き合い	6	6	10.0
増える	1	1	9.6
いる	27	117	9.4
段階	4	9	8.8
うち	3	9	8.4
意識	6	24	8.1
多い	2	15	7.9
2007年	3	3	7.5
いただく	10	30	7.5
そうそう	3	3	7.5
楽	3	8	7.5
心療内科	4	4	7.5
付き合う	9	9	7.5

　ネットワーク図（図7.6）の中でも，バーンアウトにつながる要因として児童との関わりがあるという教頭Fの認識が描き出されている。しかし，教頭Fは【バーンアウト】【バーンアウト＋ない】と2つの形で用いているにもかかわらず，どちらも，ソーシャルサポート，エンパワーメント，いずれとも結びついていなかった。

　ソーシャルサポートについては，ネットワーク図の中で，【ソーシャルサポート】と【ソーシャルサポート＋？】と2つの形式で，かつ独立した構造の中に表れている。図7.6左下に見られる【ソーシャルサポート】につなが

158

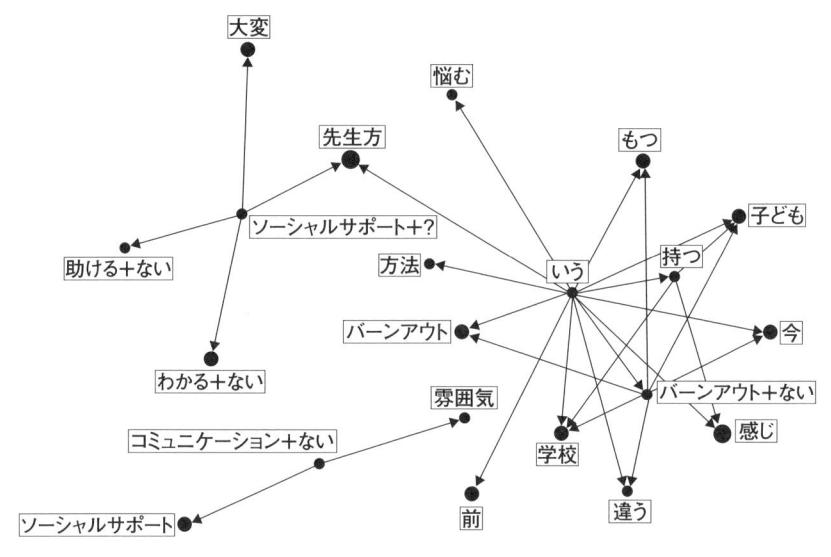

図7.6　教頭Ｆのネットワーク図

る構造は，インタビューの中で，「ソーシャルサポートっていうのは，職員室でコミュニケーションしやすい空気があることとか，個人的な相談をできる…」と語られた部分に相当する。また，同図左上に見られる，【ソーシャルサポート＋？】と繋がる構造については，「道具的か情緒的かわからないけど，大変な時には，先生方がお互いに助け合わないと」と語られた部分に当たる。その他にも，インタビューの中では，「ソーシャルサポートが一番重要」などと語っており，バーンアウトを予防する，しないに関わらず，職場内でのソーシャルサポート関係の構築を重要視していると言える。

教頭Ｇ：53歳女性，小学校，教員数13名

特徴語（表7.8）やネットワーク図（図7.7）には表れていないが，教頭Ｇは，学校での実践として高志モデルを採用した。教員からの反応としては，高志モデルの実践には時間がかかると感じつつ，基本的には新たな手法とし

て好意的に受け止められたようである。

> 「紹介された通りではないけれど，［高志モデル］をやってみました。4 回。
> 教職員は10人しかいないんだけど，小グループに分けて。7 月に 2 回，あと
> は，二学期に 1 回，1 月にも 1 回。時間はかかるんだけど，いろいろなこと
> を深く話せるって，先生たちは言ってました。小さい学校だから［小グルー
> プにする］必要はないのかもしれないけどね。…今まではお互いのこと，そ
> んなに知らなかったな，よく知るきっかけになったって言っている先生もい
> ました。」

　このように，教頭 G の語りから，教員数10名程度の小規模校でも小グルー
プでのディスカッションは実践可能かつ，相互サポート関係の促進に有効で

表7.8　教頭Gのインタビューにおける特徴語

語	個人頻度	全体頻度	補完類似度
わかる＋ない	7	26	21.9
自分たち	7	21	15.9
学校	18	62	15.7
紹介	8	13	15.5
聞く	2	4	15.2
する	10	70	14.5
良い	4	21	14.5
職員	8	47	14.1
感じ	10	56	13.6
話	16	81	12.8
出す	13	67	10.9
最初	7	39	10.7
プログラム	8	12	10.4
意見	6	9	10.4
やる	5	62	9.1
発表会	3	3	8.6
研修部会	3	4	8.3
お話	5	8	7.9
研修部	7	9	7.9
図	3	6	7.9

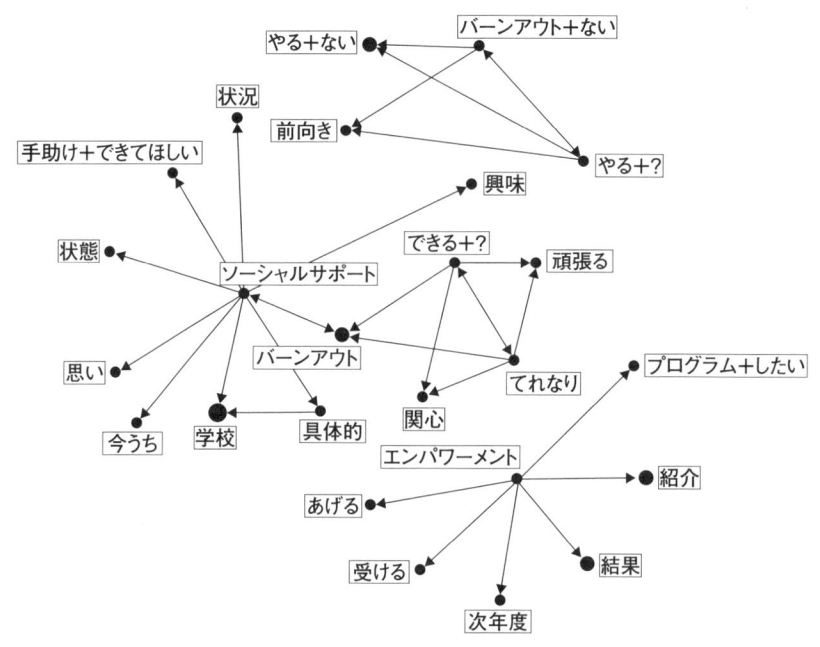

図7.7　教頭Gのネットワーク図

あることがわかる。

　一方で，教頭Gの特徴語の第一に挙がったのは【わかる＋ない】であった。他の教頭のインタビューからも聞かれたように，これは，心理学的な理論や科学的方法による評価手続を，始めは理解できなかったという語りが得られたことを示している。また，教頭Gも教頭会での発表担当であったため，【発表会】，【研修部・研修部会】という言葉が特徴語として抽出された。発表担当者として発表へ向けた取り組みという意識を強く持ちながらプロジェクトを進めていたと考えられる。

　教頭Gのネットワーク図は，3つの独立した構造からなっている。基本構造として，ソーシャルサポートとバーンアウトは直接結びついてネットワークを形成し，エンパワーメントはソーシャルサポート，バーンアウトとは結

びつかずに構造を形成している。エンパワーメントが別個の構造を形成するというのは、他の教頭にも見られる形態である。図7.7下部にある構造を見ると、【エンパワーメント】を中心に、【紹介】、【上げる】、【プログラム＋したい】、【次年度】、【結果】がそれぞれ結びつく形となっている。インタビューの中では、評価の結果、プロジェクト効果が見えてきたので、次年度へ向けてエンパワーメントを高めるプログラムを紹介してもらいたいという希望が語られていた。つまり教頭Gは、プロジェクトを進める中で、バーンアウトの低減に対するソーシャルサポートの影響には強い関心を寄せていたが、エンパワーメントについてあまり理解できず、気にかけていなかった。しかし、他校の結果を含めた全体としてプロジェクトに効果が見られたことから、改めて、エンパワーメントに関心を寄せ始めていることを意味している。

　また、右上の構造に反映されているように、教頭Gも、自校の中にはバーンアウトしている教員はほとんどいないと見ている。そのため実際のところ、バーンアウトそのものには大きな関心はなく、それ以上に、中段の構造にあるように、バーンアウト低減に効果を及ぼすソーシャルサポートの効果に注目をしている。このように教頭Gの関心の中心はソーシャルサポートであり、それが、高志モデルを積極的に導入しようと考えたきっかけになったと考えられる。

教頭Ｈ：47歳男性，小学校，教員数34名

　教頭Hもまた、インタビューの中で自校で行った取り組みについて詳しく語っている。ただし教頭Gとは異なり、教頭Hは、自身がそれまで日常的に行っていた教員との関わり方を、プログラムとして意図して行っていたようである。

> 「先生方一人ひとりのことをよく見ていなければ、うまくサポートなんてできないと思うんです。だから私は、誰よりも早く学校に来て、誰よりも遅く帰るようにしてるんです。例えば朝は6時半、遅くとも7時には来ていて、夜

　7時半に学校を出られればラッキーかな。［10時までには］帰って，テレビで
ニュース番組を見ようと。だから，『バーンアウト予防のためのソーシャルサ
ポートとエンパワーメント』とかいうけど，先生が助けてほしいって時に，
そこにいなきゃ意味がないんです。だから，理論的にソーシャルサポートと
エンパワーメントがバーンアウトを予防するというのは当然で，そのために
は，［先生方が］サポートが欲しいってときに，その場にいる…先生っていう
のは，よほどの緊急事態でもない限り，子ども達が学校にいるときに相談な
んてしてきません。だから子どもたちが家に帰った放課後に，子どもの問題
について聞く。［放課後に］先生の様子をしっかり見ていないと，サポートな
んてできませんよ。」

　この語りの中では，ソーシャルサポートという言葉こそ使われていないが，
教員に対する支援の重要性を強く感じており，本プロジェクトは，教頭Hが
日頃から意識している教師への態度や行動を振り返り，その行動を意味付け
るものとして機能したようである。教頭Hが【ソーシャルサポート】を重視
している様子は特徴語にも表れている（表7.9）。

　さらに教頭Hは，【バーンアウト】，と【エンパワーメント】という言葉も
頻用している。他の教頭と同様に，自校ではバーンアウトしている教員はほ
とんどいない（「うちにはバーンアウトしてる先生はいないと思う」）と語りつつも，
バーンアウトに対して強い関心を示している。さらに教頭Hは，ソーシャル
サポートを重視する中で，【ソーシャルサポートとエンパワーメント】を対
にして使用することが多かった。そのためエンパワーメントも教頭Hの特徴
語に挙がり，ネットワーク図（図7.8）にもソーシャルサポートと結びつい
て表現されているが，実際にはエンパワーメントそのものについての語りは
多くなかった。

　「相談したいときに，その場にいなければいけない」という教頭Hの考え
は，ネットワーク図にも表現されている。例えば左下部の構造は，インタビ
ューでは「先生たちの支援をするためには，先生たちを見ていないといけな
い」という語りが表現されたものである。ただし，ネットワーク図の中でソ

表7.9　教頭Hのインタビューにおける特徴語

語	個人頻度	全体頻度	補完類似度
ソーシャルサポート	5	21	21.2
研究	11	94	15.6
バーンアウト	7	29	13.8
エンパワーメント	5	22	12.5
目標	7	21	12.4
一緒	6	27	11.9
風	5	16	11.8
学校	19	135	11.7
取り組む	7	32	11.0
意識	8	24	10.7
家庭訪問	3	3	10.6
改革	3	3	10.6
継続	3	3	10.6
忙しい	4	8	10.0
帰る	7	12	9.4
聞く	5	33	9.3
進める	5	11	9.2
先生	14	133	7.8

ーシャルサポートとエンパワーメントが結びついているのは，先にも述べたように，教頭Hの語りの特徴として，ソーシャルサポートとエンパワーメントを対に表現することに起因しており，必ずしも両者の概念的なつながりを意識したものではない。

　また教頭Hが，ソーシャルサポートとは別に，バーンアウトの問題に関心を寄せていることが，別の構造としてネットワーク図上に表現されている。【バーンアウト】につながる，図7.8右上の構造に表れている語りは，次のようなものである。

　　「4月にプログラムを始めて，こんな短い期間で，7月と［来年の］3月に［調査結果として］効果が見られて…それもあるかもしれないけど，こういう取り組みっていうのはずっと続けなきゃいけなくて，その結果としてバーン

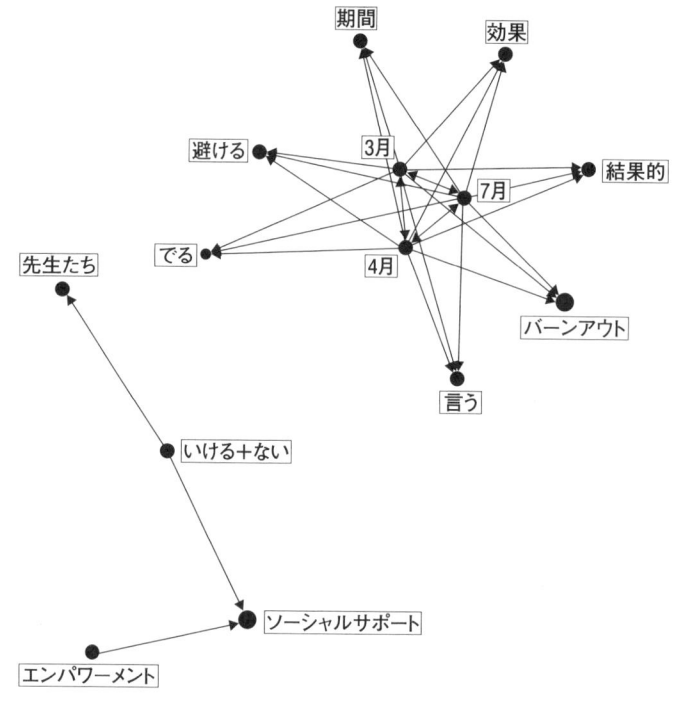

図7.8　教頭Hのネットワーク図

　アウトが予防できると思うんです」

　つまり，教頭Hは，以前から教員に対する支援の重要性を強く感じていて，そのためにできる取り組みはないかと自分なりに考え行動をしていた。バーンアウトの予防は短期間のプログラムで達成できるものではなく，日頃の取り組みを続けた先にあると考えていたこのプロジェクトは，教頭Hの日頃の取り組みの正しさを理論的に支持するものとなり，自己肯定やエンパワーメントを促進したと考えられる。

教頭 I：52歳男性，小学校，教員数24名

　教頭 I もまた，インタビューの中で自校での取り組みについて詳細を語っていた。さらに，【チェックリスト】，【声掛け】，【声】，【かける】など，取り組み内容がケースの特徴語に表れている唯一のケースでもあった（表7.10）。インタビューによると，教頭 I は，自校の教員全てと1日1回以上，会話をすることと決め，漏れがないようチェックリストを作ったという。教

表7.10　教頭 I のインタビューにおける特徴語

語	個人頻度	全体頻度	補完類似度
自分	18	97	35.0
人	18	163	19.4
すねる	20	102	17.0
入る	5	48	11.5
作る	4	18	11.2
チェックリスト	4	4	10.9
親しみ	4	4	10.9
声掛け	4	4	10.6
年度	3	14	10.6
顔	5	8	10.3
わかる＋ない	4	26	10.2
やる＋ない	1	5	10.1
機会	3	8	9.8
かける	1	5	9.5
声	7	14	9.2
研究	11	94	8.7
やる＋?	21	131	8.4
説明	3	21	7.8
どこか	2	6	7.2
もてる＋?	2	6	7.2
パターン	2	2	7.2
研究内容	3	3	7.2
尺度	4	4	7.2
真面目	2	2	7.2
理科系	2	2	7.2

頭Iはプロジェクトが始まる前から，できるだけ教員と会話することを意識していたが，プロジェクトが始まるにあたって，チェックリストを作成する試みを始めた。すると，すべての教員と話すことを心がけていても，毎日，必ず数人，話をしていない教員がいることに気づいたという。教員に声をかけるという取り組みは長年続けていたものであったが，プロジェクトの開始にあたってプログラム化することとなっただけでなく，「報告書を見て，自分のやってきたことの正しさがわかった」という。

特徴語としてもう1つ，【顔】という語についての語りが興味深い。教頭Iは，研究者と直接，話し合いながらプロジェクトを進めていく中で，プログラムについての理解が進み，積極的に関わっていこうと思うようになった（「本とか論文を読むのと違って，専門家が話をしに来てくれると，わからないことをその場で直接聞くことができる。そのおかげで研究のことがよくわかるようになった」「研究の背景として，関わっている専門家と顔見知りになると，もっと研究に興味がわく」）。

ネットワーク図（図7.9）では，【ソーシャルサポート】，【バーンアウト】，【バーンアウト＋ない】が，相互に結びついていた。つまり教頭Iの中で，ソーシャルサポートがバーンアウトの抑制に結びつくという構造が定着していたこと示している。一方で，インタビューの中でエンパワーメントという言葉が一度も登場しなかった。教頭Iは，エンパワーメントの意味すること理解できなかった，もしくは，ソーシャルサポートに注目し，エンパワーメントには関心を寄せていなかった可能性が明らかとなった。

教頭J：54歳男性，中学校，教員数22名

教頭Jは，インタビュー回答者の中で唯一，中学校の教頭である。そのためインタビューの中ではくり返し中学校と小学校の違いについて話をしており，それが特徴語（表7.11）にも表れている。また教頭Jは，学校内で教員を対象に行われている【研修】についても語っている。教頭Jは本プロジェ

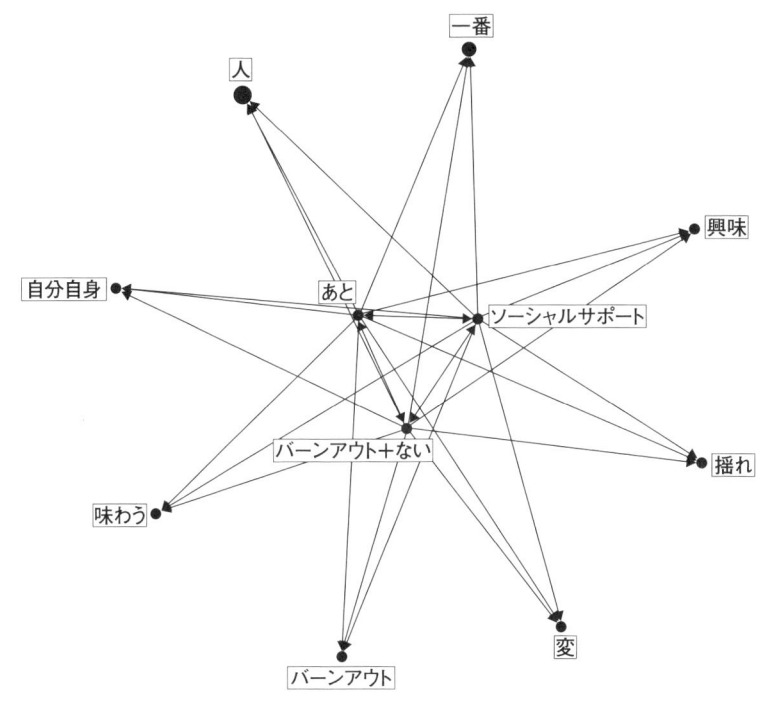

図7.9　教頭Iのネットワーク図

クトのプログラムを実施するにあたって従来から行っている校内研修との統合を試みたが，実際には多くの困難に直面したようである。例えば，教頭J が勤務する学校では校内研修を，教員があまり多忙ではない定期試験期間に実施していた。ところが，プロジェクト開始の数年前から某市では，それまでの3学期制に替わって2学期制が導入されたため，研修を行うことができる期間が減ってしまった。しかし，研修すべき内容な回数は従来通りであり，限られた定期試験期間に，それまで以上に過密なスケジュールで研修を実施しなければいけなくなってしまった。教頭J は日ごろから，研修が教員の多忙感の一因になっていると感じており（「研修のせいで，先生たちは職員室で落ち着いて仕事ができない」），ただでさえ過密になってしまった研修に，本プロ

168

表7.11　教頭Jのインタビューにおける特徴語

語	個人頻度	全体頻度	補完類似度
中学校	13	17	29.2
先生方	20	90	27.1
小学校	11	16	23.0
先生	21	133	18.2
やる	18	83	18.1
研修	8	38	16.4
部分	8	19	16.4
ストレス	6	7	16.2
声	6	14	12.3
課題	5	7	10.7
仕事	7	18	10.5
言葉	7	27	10.4
いる	15	117	9.7
離れる	4	4	8.3
教育	9	24	7.9
対応	4	7	7.9
授業	3	8	7.5
教員	5	10	7.2
形	3	8	7.2
保護者	4	18	6.7

ジェクトのプログラムを統合することはさらなる多忙感を生み出す危険性があると考え，断念してしまった。

　その他の特徴として，教頭Jは，バーンアウトという言葉を使わず，インタビューを通して【ストレス】という言葉を使い続けていた。また，校内研修とプログラムの統合を断念した教頭Jは，教頭Iと同様に，教員に対して意識的に【声（をかける）】ことに取り組んだ。

　次にネットワーク図（図7.10）を見ると，他の教頭と同様に教頭Jにおいても，【エンパワーメント】が独立したネットワーク構造を形成している。また，本プロジェクトのモデルである【ソーシャルサポート】と【バーンアウト】の結合も見られ，「以前から考えていた」と述べている。また教頭J

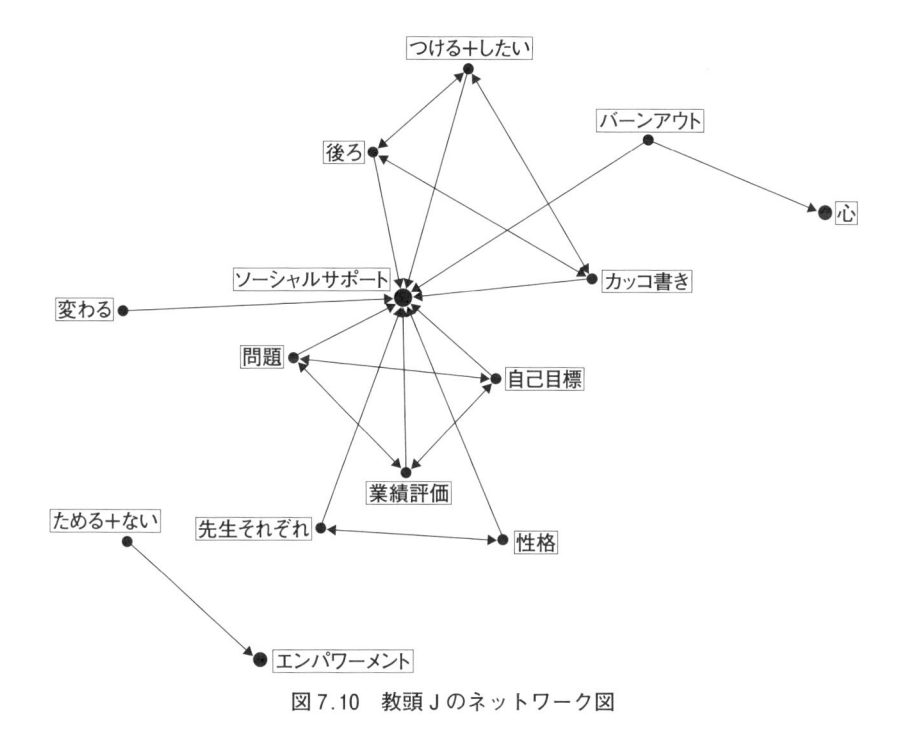

図7.10　教頭Jのネットワーク図

は，バーンアウト対策としてのソーシャルサポートの効果を認める一方で，
「【性格】は【先生それぞれ】なので，【ソーシャルサポート】が新たなスト
レスになることもありうる」と，ネガティブな影響の可能性を指摘している。
具体的には近年，教員の職務に関わる【業績評価】が導入され，教員一人ひ
とりが【自己目標】を設定しふりかえることが義務付けられている。そのた
め，教頭がソーシャルサポートを高める取り組みとして教員に話しかけると
いう行動が，教員評価の一部として誤解を受ける可能性を危惧している。教
頭Jによれば，たとえ善かれと思った行動であっても，「不安を抱えている
教員」に対するサポート的な行動が「教頭と教員との関係に悪影響を及ぼす
可能性」があるようである。

　教頭Jの語りは全体を通して，本プロジェクトそのものや本プロジェクト

の基本においた心理学的概念の有効性は認めつつ，教育に関わる近年の社会的，政治的状況の中では効果を生まなかったり，かえってネガティブな影響を及ぼす可能性があったりすることを指摘するものだった。教頭 J が強調していたのは，バーンアウト予防のための職場内でのソーシャルサポートやエンパワーメントの促進は自明のことで，その効果を最大限に発揮するためには，教員の状況を注意深く見守ることの重要性であった。

第4節　考察

　ここまで，教頭10名へ行ったインタビューについて，各インタビューに出現する特徴語と，語句間のネットワークの視点から分析を行った。分析にあたっては，各教頭が学校の中でプロジェクトとして何を考え，どのような取り組みを行ったのか，またプロジェクトを進めるにあたっての基本としたエンパワーメント評価に関わり，プロジェクトの推進過程研究者との関わりについてどのように感じていたのかという2つに視点を定めて検討を行った。10名分の分析から，①学校の中での教頭の取り組みや動き，②バーンアウト予防の背景理論に対する理解，③研究者の役割に対する認知，④エンパワーメント評価の原理の実現状況の4点についての情報が抽出できたと思われる。ここでは，各項目について順に詳しく考察していきたい。

学校の中での教頭の動き，取り組み
　インタビューの協力を得ることができた教頭10名のうち，具体的な取り組み内容について明確な語りを得ることができたのは3名だけだった。さらに言えば，3名の中でも具体的に名称を付与できるような体系的な取り組みを行ったのは研究者が紹介した高志モデルを取り組んだ教頭Aと教頭Gだけで，残る教頭Iは日頃から行っている教員との関わりかたをもとに少し工夫したにすぎない。高志モデルに取り組んだ場合でも，教頭Gのように，高志モデ

ルそのものを実施したわけではなく，小規模校という学校の特徴に合わせて，あるいは小規模であることの限界から，独自の取り組み方を工夫していた。はたして，このような独自の取り組みを，プログラムと称することはできるだろうか？

　これら3名の教頭の語りを詳しく検討すると，①今回のプロジェクトの基本となる介入の理論への理解に立脚した取り組み内容であったこと，②バーンアウトを予防するという，特定の目標の実現を目指していたこと，③特定の個人に対してではなく，教員集団という，コミュニティ・レベルへの介入であったことという，3つの点が共通している。まず3名とも，インタビューの中で語られた言葉は異なっていても，バーンアウトを低減，予防することを重視しており，そのためにソーシャルサポートの促進に効果が見込まれることを理解していた。また教員Iは一見，個別に教員と会話をし，関係を作ることを目指しているように見えるが，チェックリストを使用してすべての教員と話すことを目指すことで，個人レベルだけでなく，職場レベルで教頭に相談しやすい風土づくりを行っているものと考えられる。こうした特徴から，3名の教頭が行った取り組みは，システマティックなプログラムの体裁が整っているは言い難いものの，現場での経験知に基づき，実現，継続可能なプログラムを作るプロトタイプ的な取り組みが行われたものと理解することができよう。

　その他7名の教頭についても，インタビューの中で明確に語られなかったからと言って，自校内で全く何も行わなかったわけではない。そもそも教頭とは，校長とともに管理職として校務全般に責任を負うことが職務であり，実際の現場では，対外的な職務を担う校長に対して，校内の運営を行う立場にある。すなわち職場での教員の身体的，精神的健康の維持管理を実質的に担っているのが教頭である。ゆえに本プロジェクトの有無に関わらず日常的に，教員の精神的健康の維持，向上へ向け，様々に取り組んでいるといえる。例えば教頭Hは，本プロジェクト開始前から，教員に寄り添う具体的な方法

として，誰よりも早く出勤し最後まで学校に残っていることを心がけていた。これはある一人の教員の個人的な取り組みではあるが，特定の目的を持ち決まった方法論を採っているという点では，部分的にであれプログラムとしての要素を有しているといえる。さらに教頭Hはプロジェクトが始まり背景にある理論について理解を進める中で，自らが日常的に行っていた行動の意味と方向性の正しさを再認識するに至っている。多くの教頭にとって，教員の精神的健康を保つための取り組みは日ごろから意識しない中でも行っているものであり，インタビューで改めてプログラムとして語るほどのものではないと考えたようである。しかし，教頭らによるこうした日常の中の取り組みは，すでに特定の目的や意図を持った介入であり，本プロジェクトが理論的サポートを提供することで，介入を理論的側面から理解し，さらに改善や発展，定着を促したといえる。

　このようにインタビューに現れた教頭による取り組みやその背景にある考えかたを検討する中で，学校現場だけでなく，コミュニティでの予防的取り組みへ向けた示唆を見出すことができる。1つ目は，コミュニティ・メンバーの潜在的な力の存在である。本プロジェクトでいうと例えば教頭Iは，革新的な取り組みを自分の力で（プロジェクト開始前）から行っていた。また，教頭Gは研究者が提供したプログラム例を参考に，自分が働く学校の状況や特徴に適合するようプログラムの改変を自ら行っている。この間，研究者は，プログラムを実施する上での基本となる背景理論，すなわち，ソーシャルサポートとエンパワーメントの向上によるバーンアウトの低減，予防というモデルを提示し，その目的に沿うと考えられるプログラムの例を紹介しただけで，学校での取り組みについて指示をしたり，個別に相談を受けたりしたわけではない。それでも教頭らは，研究者らから得た様々な情報と自らの経験とを統合し，意欲的に新たな取り組みを作り出し，自分たちの学校の状況を改善するために最適なものへと変革していったのである。こうしたコミュニティ・メンバーの独自の動きは，学校だけでなくそのほかのあらゆる場

所で発生することが予想される。学校における教頭のように，それぞれのコミュニティの人は，そのコミュニティの生活の質を向上させることを願い，問題の発生に危惧を抱いている。誰もが，問題を無くしたり防いだりして，よりよい生活を送れるようにしたいと願っているのである。そうした人たちは，研究者などの専門家が介入をする以前から，問題状況の改善を目指して，様々に独自の取り組みを工夫していたと考えるのが自然である。そうした場面に対しては，研究者が良しとするプログラムをコミュニティに対して無理強いするのではなく，本プロジェクトのように問題領域に関わる知識や技術をコミュニティに提供しつつ，コミュニティ独自の取り組みを活性化させ，より目的に合ったものへコミュニティの人自身の手で改善していく過程を支援するという方略も十分に有効なのではないだろうか。

　また，そもそも研究者が紹介したプログラム例が，そのまま忠実に実施されることがなかった点についても注目する必要があるだろう。インタビューに応えた教頭10名の中には，高志モデルに取り組んだ教頭Ｇのようなケースもあった。しかし，紹介されたままの方法は，小規模校という自校の特徴に合わないと判断し，独自の改変を行っている。一般に学校のように構造化された組織では，新たな取り組みの実施を好まないといわれているが，果たしてそれが理由なのだろうか。Dalton, Elias, & Wandersman (2007) は，予防方略とは実施者や実施場所の状況に依存するものであり，実施する現場に合わせたものである必要があるとしている。すでに出来上がったプログラムを現場に合わせて改変するのは手間がかかる作業である。しかし，そうしなければ，「もっと険しい道を選ぶことになる (Annie E. Casey Foundation, 1995, pp. 1-2, Dalton, Elias, & Wandersman, 2007より引用)。」つまり，プログラムの実施に対して強い抵抗が生まれ，期待した効果を発揮することができず，プログラムの継続自体が困難になってしまうのである。例えば本プロジェクトでも，研究者が最適と思う実践を紹介し，その実施を強く求めることは可能であっただろうし，また実践の効果を検証することが研究目的であるなら，

それは必要な要素である。しかし，現場のニーズや状況を勘案しないプログラムを一方的に押し付けることが，果たして問題を解決，予防をする上で最善なのだろうか。先の段で述べたように，人々の生活の質を脅かす問題に関心を持っている人たちは，その問題を取り除くために何かしようと考えているものである。そうした人たちの中には，効果的なプログラムとなる取り組みや活動の種があるかもしれない。例えば，教頭Hや教頭Iのケースでは，自分たちがそれまで行っていた日常の取り組みを，プロジェクトの中で獲得した理論的枠組みやプログラム評価のモデルに照らして理解を深めたり，新たな工夫を加えたりしている。この時点ではまだ，教頭H，教頭Iという個人が行っている試みに過ぎないが，現場の状況に対する経験と知識に基づく活動には，プログラムになるべきものとして検討する価値があるはずである。こうした現場の経験知を取り入れることの必要性や効果についてもまた，インタビューから得られた大切な示唆といえるだろう。

本プロジェクトの理論的枠組みに対する教頭らの理解

　10名の教頭に対するインタビューを分析したネットワーク図のうち，3名（教頭B，教頭C，教頭D）では，本プロジェクトの理論的背景であるソーシャルサポート，エンパワーメント，バーンアウトのつながりが描かれていた。しかし4名（教頭A，教頭C，教頭G，教頭J）のネットワーク図では，ソーシャルサポートとバーンアウトは結びついていたが，エンパワーメントは独立した構造をなしており，3名（教頭F，教頭H，教頭I）に至ってはインタビューの中でエンパワーメントという言葉がほとんど使われなかった。言語ネットワーク分析は，発話の中での単語間の位置関係（一文で用いられているか否か）によって描かれたものであり，人の認知構造をそのまま映し出したものではない。つまり，3つの概念が結びつく構造が描かれたとしても，概念の結びつきを正確に理解していたとは断言できず，また特定の概念が独立した構造となって表現されているからと言って，結びつきを理解していない

と断定もできない。あくまでもインタビューという場における言語的な観点からの分析と捉えるべきである。それでもなお，ソーシャルサポート，エンパワーメント，バーンアウトが結びつくような発話をしたということは，これら3つの概念間のつながりが何らかの形で意識されていたことを意味しており，エンパワーメントという語が登場しなかったということは，その語を用いるような状況が意識の中に存在していなかったということは言えるだろう。こうした視点で見てみても，ソーシャルサポートとバーンアウトが結びつく図が多くの教頭のインタビューの分析から得られたということは，この2つのつながりは直感的に理解しやすかったことが推察される。ソーシャルサポートは，「支える」「支援」「助ける」など，日常的な語によって説明が容易な概念であり，日ごろから意識的に取り組んでいる教頭も多かった。バーンアウトも同様で，さらに「燃え尽き症候群」という言葉で一般にも広まっており，これも教頭が日ごろから教員の状況として気にかけていたものでもある。

　一方で，エンパワーメントを一言で適切に表現することは難しい。エンパワーメントとは単に力づけたり勇気づけたりすればよいのではなく，エンパワーされた人が自らの力の意味や影響力を認識し行使することができると感じられることを指しており，具体的なイメージを伴った説明をすることは困難である。エンパワーメントは，教頭らにとって，どこか掴みどころのない概念であり，理解が進まなかったものと推測される。エンパワーメントの概念の理解は進まなかったものの，その語は何か新たなものとして教頭らに受け止められたようである。事実，国立国会図書館のデータベースを検索すると，「社会的サポート」や「バーンアウト（燃え尽き症候群）」という語が表題に使われている日本語書籍は1970年代から出版されているが，エンパワーメントという語が用いられた初めての出版物は1992年である[8]。つまり，社会的にも広まっているソーシャルサポートやバーンアウトという用語は既存の知識として理解を深めるだけであったのに対して，エンパワーメントは全く

新たな概念として興味を持ったということである。しかし，結果的には十分に理解を得ることはできておらず，理解を広めるための説明の方法について検討の余地があるだろう。

　加えて，多くの教頭が，ソーシャルサポートを組織開発という文脈の中で捉えていたことも注目に値する。プロジェクトの推進過程で，研究者も，組織レベルでの取り組みが重要であること，過度に個人に注目することで犠牲者を責める状況が生じうることを繰り返し説明していたことが強く影響しているだろう。しかしそれだけでなく，職務として学校経営に責任を持ち教員の様子を俯瞰することが求められることで，教頭らは日ごろから職場環境の改善を意識していた。そういった前提条件の上に本プロジェクトが実施されたことで，職場というマクロなレベルの動きと，ソーシャルサポートの向上が結びついたものと考えられる。つまり，研究者が強調していたマクロレベルの視点に立ったソーシャルサポートの促進という説明は，従前から教頭らが考え実行していたことを，専門的な言葉によって概念化し支持をしたに過ぎないのである。

研究者の役割に対する認知

　今回のプロジェクトにおける研究者の立場や役割について，ここで改めて振り返りたい。もともとは某市教頭会が研究指定を受け，地方の教頭会大会で研究発表を行うことになったが，研究の方法も内容も思い浮かばずに困っていたところで，研究者に援助を求めてきたことがスタートだった。つまり，研究発表として格好がつくデータを集める手助けをすること，誤解を恐れずに言えば，研究代行が教頭会が抱いていた研究者に対する要望であり，2年間に及ぶバーンアウト予防プログラムの実施など，全く想定はしていなかっ

---

8 1992年の書籍はカルト宗教関連の書籍として出版されたものであり，本プロジェクトで用いているような意味でエンパワーメントという用語が書籍のタイトルとして初めて登場するのは1994年といわれている。

たのである。しかし，コミュニティに根差した予防プログラムの実施という研究者の専門性や志向性から予防プログラムの実施が提案された。当初は積極的とは言えなかった教頭らであったが，研究者が現地に足繁く通い，教頭自身が主体となって取り組むことの重要性を説き，その中で研究者ができる支援を提供し続ける中で，教頭らの主体性が高まり実践に積極的になっていった様子が，インタビューからも明らかとなっている。それに加えて，教頭の目から見た研究者の立ち位置，研究者との関係性についても多くが語られていた。

　インタビューに応えた教頭の多くが感じたことの1つが，科学研究の意義や価値である。研究者が関わるよりも前から経験的に感じていた教員間のサポート関係と教員のメンタルヘルスとの関連が，質問紙調査や統計的分析という手法によって数値化されることで，教頭は，自身が抱いていた直感の正しさが証明されたと感じていた。また，通常，質問紙調査の結果をフィードバックする際には，学術的な表現を避け一般にもわかり易い形に情報を加工して提示することが良いとされている。しかし本プロジェクトでは，教頭らを学校という現場の専門家として対等な関係であることを強調するために，あえて，一般向けに加工しない情報提示を行った。そのような形で見せられた情報を前に，はじめは理解に困難を感じていた教頭らであったが，研究者が丁寧に解説を繰り返すと，それに応えるように積極的に疑問点を挙げるようになっていった。こうした継続的な取り組みを続けることで研究者は，外部者という立場から，1つのプロジェクトを成し遂げようとする仲間として教頭らに受け入れられていったと考えられる。

　教頭らと研究者との関わりについてインタビューから，ほかにも興味深い点が見出されている。例えば，研究者と教頭会との連絡役で最も頻繁に情報交換を行った教頭Dは，研究の理論的枠組みについて最も明確，正確な理解をしていることがインタビューの言語ネットワーク分析から読み取ることができる。また教頭Iはインタビューの中で，「遠隔地に住む研究者が頻繁に

教頭会の会議に出席してくれたことが，単純にうれしかった」「直接，顔を見て話をすることで理解が深まるだけでなく，研究者の人となりを知ることもでき，信頼感を得ることができた」と語っていた。つまり，本プロジェクトが一定の成果を上げることができた背景には，研究者と現場の教頭が人と人としての関係を構築し，相互に信頼を得たことが要因として存在するのである。この点は，今後の心理学的な予防介入実践を考える上で，重要なポイントとなる。たしかに現場の人々と専門家との人と人としてのつながりや信頼関係はプログラムの成功に大きな影響を及ぼすことは想像に難くない。そして人間関係を構築するためには，可能な限り頻繁に，そして顔を合わせて議論することが有効であることも当然といえる。

　一方で，プログラムの実施に関わるステークホルダーには，それぞれ時間や経済的な限界があり，すべてのプログラムで頻繁に直接対話を実現することができるとは限らない。例えば，本プロジェクトでは，プログラムを実施している 2 年間で 5 回以上，現地を訪問した。研究者の居住地から現地までの距離は片道約1000km で，交通費も相当額に達した。本プロジェクトの推進に当たっては研究者が獲得した研究費から経費を支出しており，万が一，研究費を獲得していなければ，こうした頻繁な訪問は不可能であった。これまでは，「プログラムの効果」といった理論的に議論しやすいテーマに関する実践や研究は見られたが，その実践や研究を行うことができる背景事情についての検討は皆無である。しかし，これまでほとんど語られてこなかったが，実際には，研究者が関わり現場の人々が動く中では，研究者と現場の人々との関係性の影響は無視できない（池田ら，2009）。今後，使える資源が限られている中で，コミュニティの人々と専門家が人としての関係を構築していくための方法についても学術的な観点からの検討が必要となってくるだろう。

このプロジェクトはエンパワーメント評価だったのか

　このプロジェクト全体が行っていた取り組みは，当初，目指していたようにエンパワーメント評価だったと言えるのだろうか。第3章でも述べたように，エンパワーメント評価か否かは，Yes，No で答えられるものではない。プログラムの実践と評価の過程で，エンパワーメント評価の実践を特徴づける10の原理を，どの程度，重視し，実現を目指していたのか。それを議論すること自体が，エンパワーメント評価を実現するプロセスと言える。ここではFetterman（2005）の「原理に対するコミットメントの程度」を参照しながら，エンパワーメント評価の各原理に対して，特に，プログラム実践者である教頭が，どの程度のコミットメントを示していたのか，プロジェクト全体を振り返りながら検討していくこととする。

　①**改善**　エンパワーメント評価が目指している原理の1つ目は，プログラム改善である。本プロジェクトは，本格的なプログラムを開始して一年で研究者が関与する形式としては終結したため，評価がプログラム改善に結びついたかについて，検証することができなかった。しかしインタビューの中で，教頭が日ごろ行っていた教員との関わり方をプログラム化することで成果が見えてきたという語りが得られており，個々のケースの中には，教頭個人の取り組みレベルでのプログラムの実施と，ふりかえりに基づく改善が継続する可能性をうかがうことはできるだろう。Fetterman（2005）によれば，「限定的ながら，プログラム評価を，活動の改善に利用している」レベルであり，コミットメントは中程度であったと考えられる。

　②**コミュニティによる所有**　本プロジェクトの発端は，教頭が抱いていた教員らの日常の問題点にあった。また，教頭による自律的なプログラムの運営を重視し，研究者は必要な支援を適宜提供する立場に徹した。プロジェクト開始1年目には研究者に依存しようとする傾向も見られたものの，2年目以降には，教頭が自らの手でプロジェクトを進めようとする言動も多くみられた。こうした点を考えると，Fetterman（2005）の分類では，中程度のコ

ミットメントである．「研究者に強く依存しながらも，（開始時ではなく）評価の途中段階で関与を示している」状態と言える。

③**包含性**　コミュニティによる所有を実践レベルで見てみると，プロジェクトを推進するにあたって，すべての側面に教頭が関与することを求め続けていた。具体的には，事前調査の内容の選定，調査の実施，データの解釈から，実施するプログラムの内容に至るまで，すべて最終決定は教頭が行った。先にも述べたように，プロジェクト開始初期からこうした主体的な関わりが見られたわけではなく，はじめは積極的に関わろうという意識は低かった。しかし，非専門家には難解な統計データの読み取りや，各学校の状況に合わせたプログラム内容の吟味等の作業を研究者のサポートのもとで継続する中で，プロジェクトに対してより積極的に関わりたいという意識が高まっていた。プロジェクトが進行するにつれてこうした主体的関わりへの動機が高まっていった点を見ると，Fetterman（2005）によれば，中程度のコミットメントであったと判断できる。

④**民主的参加**　ここまでの原理で述べたように，本プロジェクトを推進するにあたり，教頭の主体性，自主性を尊重し，プロジェクトの対象となった教員から見て研究者は影に徹した。様々な意思決定を最終的に行ったのも教頭である。しかし，個別の意思決定場面で完全に民主的なやり取りが行われたとは言いがたい。例えば，プロジェクト推進計画の全体像を描き，どのタイミングでプログラムの実践や調査を行うのかなど，科学的評価実践に必要な部分については，実際には研究者が原案を提示し，教頭が受諾するという形式となっていた。原案を提示する際には，そうしたプランが必要かつ適切である根拠を丁寧に説明することに心がけ，可能な限り教頭の要望を汲み入れるよう努めたが，評価研究の専門家という立場を持つ者からの提案に対して，教頭らは意見を述べることはできても，代替案を提示することはなかった。これはキャパシティ開発の原理にも関わる問題である。評価に関わる知識や技術といった評価キャパシティを獲得するためには相応の学びや経験が

必要であるが，本プロジェクトはキャパシティを獲得するために必要な期間，継続するものではなかった。つまり，民主的参加を目指してプロジェクトに取り組んでいたことは確かだが，教頭のキャパシティ開発が間に合わず，民主的参加の原理を十分に実現することはできなかったといえる。また，エンパワーメント評価では，プログラムに関わる全てのステークホルダーがかかわることが，重要と考えられている。本プロジェクトでいえば，実際にプログラムの裨益者である教員という，最も重要な裨益者の関与が実現していない。民主的参加の促進を意図しながらも，実際には研究者の判断による部分が大きいことや，ステークホルダーの参加が部分的であったことから，Fetterman（2005）における，低いコミットメントに分類することとなるだろう。

⑤**社会正義**　社会正義の実現という原理は概念的に非常に広いものである。本プロジェクトは短期的には教員のメンタルヘルスの向上を目指し，究極的には児童・生徒に対する教育の質向上を図ったものである。これを広く公共益と捉えるならば，本プロジェクトは社会正義の実現を目指したものであったといえよう。しかし，実際には非常に小さな規模でのプログラム試行にとどまっており，社会正義を目指しつつ，その実現へ向けた方法の模索を開始した段階であったといえる。Fetterman（2005）の分類では，社会正義に対するコミットメントは低かったものと考えられる。

⑥**コミュニティの知識**　本プロジェクトの基本姿勢の1つとして，第4章でも述べたように「コミュニティのことを最もよく知っているのはコミュニティ・メンバーである」という考えのもと，各学校の置かれている状況や教員の様子をプロジェクトに最大限に尊重し，実践に活かした。実施するプログラムを研究者が指定し固定するのではなく，各学校や教頭，教員の状況に合わせ，プロジェクトの理論に基づく範囲でプログラム内容の自由度を許容することは，科学研究という視点では大きな問題であろう。しかし，プログラムがより効果を発揮し継続へと結びつくことを目指し，教頭らの日ごろの経験を生かしたプログラム実践を許容した。これはコミュニティの知見の活

用の端的な例であろう。Fetterman（2005）の分類では，「コミュニティの知識を活用して，プログラムの開発や実施を試みる」レベルに達しており，この原理に対して，高いコミットメントを示したものといえる。

⑦**科学的根拠に基づく方略**　上記のコミュニティの知見を尊重した結果，科学的根拠に基づくプログラムの実践を行わなかった。この点では科学的根拠に基づく実践の原理は全く実現できなかったといえる。とはいえ，現実的には日本の，特に学校教育に関わる領域では，米国でベスト・プラクティスと呼ばれるような，厳密な科学的研究に基づくプログラム開発は，現時点ではほとんど行われていない。そのため，アメリカの National Registry のような，科学的根拠に基づくプログラムのリストのようなものも存在していない。つまり「科学的根拠に基づく方略」という原理を，アメリカの基準で日本のプログラムに適用すること自体が不可能である。本プロジェクトでは，綿密な先行研究の分析に基づいてプログラム理論を構築し，その理論の理解に基づくプログラム実践を進めており，不完全ながらも科学的根拠に基づく方略を目指したことは間違いない。Fetterman（2005）の分類では，「科学的根拠に基づく実践を十分に導入しきれなかったが，限定的ながら，理論と現場の知識との統合を試みた」という点から，中程度のコミットメントであったと言えよう。

⑧**キャパシティ開発**　キャパシティ開発は，本プロジェクトで大きく推進することができた原理である。プロジェクト開始１年目には研究者へ高い依存性を示し，主体的な参加を拒む様子さえ見せた教頭であったが，次第にプロジェクトへの主体性を示すようになってきた。その背景には，インタビューでも述べられているように，データの分析や解釈，心理学的な理論を理解しようとする努力が大きな影響を与えている。つまり，それまで個人の中の主観として抱いていた各校の状況が，数値として表現されたこと，さらにその数値を理解するために必要な初等統計学や心理学など，教員という職務から見れば専門外の知識を学ぶことで，現状を科学的視点で把握し，プロジェ

クトを推進する上で必要となるキャパシティを向上させていたといえる。④民主的参加の項でも述べたように，プロジェクト 2 年目には，研究者が提示した様々なプランに対して，代替案には至らないまでも，プロジェクトをより効果的に推進するための提案が，教頭らから出されるようになっており，キャパシティ開発を通したエンパワーメントが着実に進んだことが示唆される。つまり，限定的ながらも，プログラムや評価のあり方を考え，検討の価値のある意見を述べることが実現できており，キャパシティ開発の原理に対するコミットメントは，中程度であったと考えられる。

　⑨**組織的学び**　本プロジェクトは 2 年で研究者の関与が終結したため，エンパワーメント評価の導入による組織的学びや組織変革がどの程度，起こっていたのかを厳密に検討することは難しい。しかし，研究者と教頭らとの個人的な会話の中で，プロジェクトとしては 2 年で終結をしたが，その後も「ソーシャルサポート」や「バーンアウト」が学校経営上のキーワードの 1 つになっていることや，バーンアウトの予防を目指した取り組みの工夫をしている教頭がいるといった情報が得られている。さらには，プロジェクト開始前にはなかった「教員の飲み会」がプロジェクト終結以降，数か月に 1 回程度の頻度で開かれるようになったなど，各学校の組織レベルで風土が変わったケースもあったようである。こうした変化はほんのわずかなもので，研究としての追跡も行っていないため，どの程度継続しているかは不明であるが，本プロジェクトが，教員のメンタルヘルスの向上を意識した日常的な予防への取り組みを組織の中に内在化させる端緒となったといえるかもしれない。組織的な学びの実践には至らないまでも，価値を認めているという点から，Fetterman（2005）の分類に基づけば，中程度のコミットメントを示していたと判断することができるだろう。

　⑩**アカウンタビリティ**　本プロジェクトでは，費やした種々のコストと得られたベネフィットについて分析はしていない。この点では，本プロジェクトがアカウンタビリティ実現のために機能していたといえる点は全くない。

本プロジェクトに要したコストは，質問紙の印刷費用など物的，金銭的支出に加え，プログラムの実施や調査に要した時間的コストが大きい。このうちプログラムの実施については，各学校の状況に合わせた取り組み内容を許容することで，教員の職務の現状に合った形でのプログラム実践が実現できたと思われ，過大なコストとは言えないだろう。一方で調査については，各校で3回実施しており，時間的負担が大きかったと思われる。この点については，本プロジェクトが試行段階であったためにプログラムの効果について詳細に検討する必要があったことや，教頭会が研究指定を受けていたため，研究会で発表するためのデータ収集が必要であったという事情がある。もし本プロジェクトが3年目以降も継続したとすれば，アウトカム評価のためのデータ収集は年に1回程度で充分となったであろうと思われる。とはいえ，アカウンタビリティの対象や内容についての議論は，プロジェクトの中では一切行われておらず，コミットメントの程度は低かったということになる。

　ここまでを総合すると，教頭のコミットメントが高かった原理は，⑥コミュニティの知識の1つ，中程度のコミットメントを示していたのが，②，③，⑥，⑦，⑧，⑨の6つ，残る④，⑤，⑩の3つに対しては，低いコミットメントという判断となった。コミットメントが低かった原理を見てみると，④民主的参加については，エンパワーメントの視点では，十分なコミットメントが得られなかったことが，強く悔やまれる原理である。専門家や実施者だけでなく，プログラムに関わる全てのステークホルダーの参加がエンパワーメント評価の理想であり，エンパワーメント評価の実現において，もっとも重要な原理と言える。一方で，他の原理，特に，ステークホルダーの参加を促す基盤となる，⑧キャパシティの獲得や⑨組織的学びの原理に対するコミットメントについては，中程度のコミットメントが得られており，仮に本プロジェクトが継続したならば，将来的に，④民主的参加に対する，より高いコミットメントが見込めたかもしれない。

　次に，⑤社会正義については，エンパワーメント評価は元々，社会的マイ

ノリティに関わる問題等に対するプログラムを想定して設定されていたものであるため，教員のストレス問題を扱ったプログラムにおいては，正確には，コミットメントの有無を判断することが困難と言うべきかもしれない。あるいは，職務ストレスという困難に見舞われる可能性がある教員の利益のためのプログラムという点では，本プロジェクトも，社会正義を求めていたと考えることもできるかもしれない。

　また，⑩アカウンタビリティについては，そもそも，研究者と教頭らとの間で議論されていないということが，問題と言えよう。プロジェクトの中では，従来の校内業務の支障とならないよう，プログラムを現行の業務や取り組みに統合することを勧め，評価のためのデータ収集の回数を最小限に留めるなど，実施運営コストに対する配慮は行っている。また，そのようにして実施したプログラムの評価も行い，その成果を教頭会研究大会という公の場で発表していることからも，アカウンタビリティに対する配慮の土壌は十分に存在していた。しかし，アカウンタビリティについて考えるためには，誰が，誰に対してという視点や議論が不可欠である。一般的には，プログラム実施者が資金提供者に対して行うことが基本となる。しかし，本プロジェクトの場合は，研究者が自身の研究資金で，調査のための印刷や報告書作成，ミーティングのための交通費等を支出していることから，教頭会は，資金に対する説明責任は負っていない。しかし，資金が関係しないからと言っても，何がしかのプログラムを実施している限りは，プログラム実施者である教頭らは，何らかの説明責任を負っているはずである。教頭らが負うべきアカウンタビリティがどのようなものであるのか，議論することで，この⑩アカウンタビリティの原理に対するコミットメントのありかたについても，明らかになるだろう。

　ここまで見てきたように，本プロジェクトでは，一部に，十分に検討されなかった原理があった。とはいえ，過半数の原理に対して中程度以上のコミットメントを示していることから，本プロジェクトは，基本的にエンパワー

メント評価の原理に従ったものであったと言うことができるだろう。また，インタビューからもわかるように，教頭らは本プロジェクトを通して，それまでの教頭としての教員らとの関わりを改めて意味づけることができ，教頭という立場にある自分が教員に対してできることがあるという信念を得るに至った。つまり，教頭ら自身が本プロジェクトを通してエンパワーされたといえる。こうしたことから，本プロジェクトはエンパワーメント評価モデルに基づくプログラム実践であったと言える。

　ただし，本プロジェクトがエンパワーメント評価であったといえるのは，研究者と教頭らとの関わりというコミュニティのレベルに限定した者であることに留意したい。例えば，本プロジェクトの対象者である各校の教員は，本プロジェクトの内容決定や推進そのものには一切関与していない。エンパワーメント評価が目指すコミュニティの参加とエンパワーメントは，プログラムを実施，運営する立場にある人だけでなく，プログラムに関係するあらゆるステークホルダーの関与を意味している。こうしたマクロな視点で見ると，各校の教員一人ひとりが関与できるプログラムのシステム作りなど，本プロジェクトがエンパワーメント評価モデルに基づく実践としてさらに発展するため検討するべき点があるだろう。

第8章　実践プロジェクトの総括

　実践プロジェクトの報告を締めくくるにあたり，本プロジェクトの成果について，第5章から第7章までの分析結果をもとに総括する。

　第5章，第6章を通して合計4回調査を行ったが，すべての分析結果が，バーンアウトに対してソーシャルサポートとエンパワーメントが負の影響を示していた。この影響関係は理論的に予測されていただけでなく，Bell, Le-Roy, & Stephenson（1982）や宮下（2009）など，様々な現場やデータで示されていたものである。本プロジェクトでの4回の調査は，対象母集団はすべてほぼ同じであるが，異なる時期に，小学校と中学校というコンテクストが異なる場所で行ったものである。このように様々な状況下で同一の結果が得られたことから，教員のバーンアウト問題の解決や予防へ向けた取り組みを検討する際には，状況や時期，コンテクストの違いを越えて，ソーシャルサポートとエンパワーメントを中心に据えることが有効であると断言できよう。

　一方で，第6章で検討したプログラム実践の効果について見てみると，職場でのソーシャルサポートの促進や，教員をエンパワーする職場づくりという本プロジェクトでの取り組みは，バーンアウト状態の悪化を防ぐ効果は持っていたものの，バーンアウト状態を改善させるものではなかった。その原因として，理論的な側面では，まず，ソーシャルサポートは Lazarus & Folkman（1984）における一次評価に関わっており，必ずしもストレッサーそのものを減少させたり，ストレッサーを脅威と感じるかに関わる一次評価に影響を及ぼさないという点が挙げられる。また最適合理論によれば，たとえ知覚されたサポートが高かったとしても，実際に必要な量と質のサポートを得ることができなければ，ストレス反応低減には効果がないばかりか，過剰，過小なサポートはさらなるストレッサーにもなりうる。インタビュー調

査の中でも指摘されたように，どのようなサポートを求めているのか，あるいは，与えられたサポートをどのように受け止めるのかは，個人差やコンテクストによって異なる可能性があり，本プロジェクトのように知覚されたサポートの促進のみではバーンアウト低減効果には限界があるのかもしれない。

　また，第7章のインタビュー調査の結果から明らかになったように，プログラム実践に際しては，プログラム実施主体である教頭にとって理解が容易だったソーシャルサポートが中心とされ，エンパワーメントの向上を意図した取り組みが十分ではなかった可能性が考えられる。高志モデルのように明確に教員の主体的な関与を求める取り組みを行った教頭もおり，さらに第6章の数量的検討から，プログラムの実施によってエンパワーメントの得点が向上し，実際には教員のエンパワーメントの向上も起こっている。しかし，Conger & Kanungo（1988）がモデル化しているように，働く者をエンパワーする組織づくりの過程にはソーシャルサポートが含まれており，プログラムの過程で起こったエンパワーメントの向上は，ソーシャルサポート向上の影響による変化に過ぎなかった可能性も考えられる。

　さらに本プロジェクトでは，理論モデルの理解のもとで，教頭が各校の状況に合わせて独自の取り組みを行った。プログラムの結果としてソーシャルサポートとエンパワーメントの向上が見られたため，取り組みそのものにはソーシャルサポートとエンパワーメントを変化させる効果があったことは間違いない。しかし，その変化がバーンアウトに影響を及ぼすほどの量，質でなかった，つまり，バーンアウトの低減という視点では取り組みの内容，量が不十分であったという可能性がある。

　一方で，現段階では，日本の学校教員のバーンアウト問題に対して，確実な効果が見込まれるベスト・プラクティスは存在していない。そうした中で，研究者が国内外の先行研究や理論を十分に検討し，プログラムを構築して，学校現場で実施した場合，短期的には効果をもたらすだろう。だが，中，長期視点で見た場合，現場の状況を十分に勘案せずに構築したプログラムが，

学校組織や教員の中に取り入れられ，継続的な実施がなされない可能性も高い（Wandersman, 2003）。この懸念は，ベスト・プラクティスがあり，それを実施した場合でも完全に無くなるわけではなく，効果的かつ継続的なプログラムを実施するためには，常に現場の状況を検討する必要性が存在し続ける。従って本プロジェクトでの実践は，効果という点では限定的であったとはいえ，学校での教員バーンアウトを防ぐ主体的かつ継続的な取り組みを開発する第一歩として，様々な示唆を与えるものであったといえる。

研究者と現場との関係性の構築

　これまで教頭らと研究者との関係性については，第4章で，本プロジェクト開始の経緯として述べた。また，第7章で教頭らに対して行ったインタビューの中でも，研究者との関係性について多く語られている。ここではプロジェクトの総括にかえて，教頭らと研究者との関係性と，その変遷について，改めて述べておきたい。（詳細は池田ら（2009）を参照されたい）。

　本プロジェクトの発端は，某市教頭会が，「教員の資質向上」という課題で研究指定を受けたことに端を発している。どのように研究を行えばよいのか教頭会の中でよい考えが浮かばない中で，それ以前から研究者と交流のあった1名の教頭が研究者の招へいを発案し，プロジェクト1年目春に研究者が教頭会の会合に出席した。その時点で教頭会としては，研究者に研究の代行を依頼することを想定したようである。しかし，事前に文献研究をして会合に臨んだ研究者は，この研究指定の機会を単なるアンケート調査で終わらせるのではなく，「教員の資質向上」を構成する要素の1つとして教員のメンタルヘルス向上へ向けた実践を教頭主体で行うことを提案した。この提案に対して教頭会がはじめから積極的な賛意を示したわけではなかった。1年目の予備的調査が終わり，結果の解釈を教頭らと進める中で，教頭らが日ごろから感じていた教員の様子と一致する数値結果が提示されたことが1つのきっかけとなり，実践研究としてのプロジェクトへの関心が高まった。一方

で，教頭らの自信の高まりや，バーンアウト予防実践へのやる気が先行してしまい，本プロジェクトの研究としての側面であるデータ収集の方法や要因計画などが見過ごされる危険性も生じた。これに対しては研究者が，研究としての設計が，バーンアウト予防の効果も含めたプロジェクト全体の成功に欠かせないことを再度，説明するという場面もあった。プロジェクト2年目秋に開催された教頭会研究集会には研究者もオブザーバーとして招かれた。公立学校の教頭職に就く者以外がこの集会に参加すること自体が異例であった。プロジェクトも終盤にさしかかるころ，ある教頭が発した「あなたたち（研究者）に役立つ良いデータを取ってもらいたい」という言葉は，教頭，研究者，相互にとって利益となる協働的な実践研究が実現できたことを実感できる言葉として印象深い。

　しかし実際には，ここまで述べた以上に，プロジェクトで育まれた教頭らと研究者との個人的関係性が大きな影響を発揮したことも看過できない。研究者が拠点としている場所と研究フィールドである某市は距離にして約1000km離れており，時間的にも経済的にも，教頭会の会合に研究者が出席することは容易ではなかった。しかしそれでも，協働的な関係性構築のために，電話やE-mailなどの通信手段に依存せず，直接，顔を合わせて話し合うことができるよう，可能な限り，実践フィールドに赴くように努力した。その努力の成果を表すエピソードを1つ，紹介したい。

　先に述べた，プロジェクト2年目秋に行われた教頭会研究発表に招かれたときのことである。研究者は発表前日，研究拠点での仕事を夕方まで行い，車で研究発表集会が行われる地へ移動することしていた。研究発表集会の会場は，実践フィールドよりやや近いものの車で7時間ほどの距離があり，到着は深夜になった。そのころ教頭らも現地に前日入りし，懇親会を行っていたようである。懇親会のにぎやかな席上から研究者に，「懇親会にも絶対参加してほしい。何時まででも待っている。」と何度も電話があった。実際，深夜時ごろ到着した研究者らを教頭ら全員が待っており，そこから仕切り直

しての懇親会が深夜3時まで続いた。

現場を研究フィールドとしか見ていない研究者と，研究者に言われるがままに研究の「補助」に徹するフィールドの人々との間で，このような関わりが生まれるだろうか？ インタビューの中でも，「実際に現場に来て，顔を見て話ができることが関係作りに役立った」という語りが得られている。本プロジェクトが一定の成功を収めた背景には，語りつくすことができない研究者と教頭らとの「人と人としての関係が」あることは間違いない。

こうした現場と専門家との関係の変遷の中から，2つの課題が浮かび上がってくる。1つ目は，再現性の問題である。本プロジェクトのケースでは，プロジェクト開始以前から個人的交流のあった教頭と研究者との関係性の中でプロジェクトがスタートした。当時，遠方に頻繁に赴く時間的，金銭的余裕が研究者の側にあったことも幸運であった。しかしそうした条件が常に揃うとは限らない。もし研究資金や時間的ゆとりがなかったら，本プロジェクトが成功をおさめた背景にあるフィールドの人々と研究者との信頼関係をどのように築いていけばよいのだろうか。目覚ましい情報通信技術の発展の中で，現地に赴かなくとも，相手の顔を見て話をする手段も一般化している。しかしその方法で，本プロジェクトと同等の信頼関係醸成を実現できるだろうか。あるいは本プロジェクトのような，研究者が支援する中でのプログラム試行を成功させるために必要十分なフィールドとの関係性とはどの程度のものなのだろうか。

これらの疑問に答えを出そうとする際に生じるのが，2つ目の問題点，つまり，こうした関係性を記述し，研究の一部として検討する研究方法論が未整備であるという問題が浮かび上がる。現場に関わる研究を行う際には，社会的に付与された「現場の人」と「研究者」という役割とともに，常に人と人との関係性が生じている。その関係性如何で，実践や研究自体の成功も失敗も大きな影響を受け，信頼醸成に失敗し実践研究自体が頓挫するケースも少なくないはずである。しかし，出版バイアスと呼ばれるように，学術論文

として公刊されるのは「うまくいった」ケースだけで，しかもこうした関係構築の過程に関わる情報はそぎ落とされているものがほとんどである。近年では，現場に参与しながらフィールド研究を行う手法が心理学領域でも注目を集めているが，「研究者が現場の人と飲み会に行った」などという記述を科学的に意味あるデータとして構築する方法論が十分に確立しているとは言い難い。心理学領域でも，フィールドでの実践に基づく研究ニーズがますます高まる中で，従来，科学的研究の枠組みの外に置かれていた研究者という人と研究参加者という人との関係性について，そのありようや影響を記述，検討する手法の開発が必要であるとともに，心理学という学術領域自身が，そうした研究における人的要因について，これまで以上に関心を寄せることが求められるだろう。

第9章　コミュニティ・ベースの予防プログラムの展開へ向けて

　ここまでで紹介したプロジェクトの基本となる理論は，職場でのソーシャルサポートやエンパワーメントの促進によるバーンアウト予防という，従来の心理学研究から得られている知見を統合したものにすぎない。本書の主眼は，既存の研究知見を基盤にしつつ，現場や組織に定着し，継続が見込まれるプログラムを実践することにある。そのために，エンパワーメント評価というアプローチを基に，現場に生きる人が主導するプログラム実践を目指し，現場がプログラムを主導することができるよう支援する専門家の関わりについて，検討をしてきた。

　第3章で述べたように，取り組みが現場コミュニティへ定着し持続的に実施されるためには，第一に，コミュニティのニーズやコンテクストに適合したプログラムが計画，実行され，そして評価に基づく改善発展を継続的に実施する必要がある。しかし，プログラムの計画から実施，評価までの一連の過程を遂行するためには，ある程度の専門的な知識やスキルが必要となる。学術領域にいる専門家は，こうした知識やスキルなどのキャパシティをコミュニティが組織的に学んでいく上で，支援者として有効に働きうる資源となるだろう。一方で，研究者や専門家は，永久にコミュニティに関わり続ける存在ではない。専門家は，様々な理由で，いずれコミュニティを後にすることになる。つまり，専門家の関与を常に必要とするプログラムは，将来，継続が困難になる。では，一時の存在である研究者や専門家は，コミュニティとどのように関わるべきなのだろうか。

　最終章となる本章では，本書を締めくくるにあたり，「教員」，「学校」「バーンアウト予防」という，特定の対象や現場，目的を離れ，広く心理・社会

的な問題の解決，予防へ向けたコミュニティ・ベースのプログラムを開発，
実施する上で，特に研究者や専門家と呼ばれる立場にある人が，コミュニティ
ィとどのような関わりの姿勢を持つべきなのか，プロジェクトから得られた
示唆をまとめたい。

第1節　コミュニティの能力の尊重

　第7章で紹介したように，教頭らはみな，義務として与えられたわけでも
ない本プロジェクトの取り組みを積極的に行うばかりか，各学校の実情に合
わせて柔軟に行っていた。こうした積極的な取り組みは無から生まれたもの
ではなく，教頭が日ごろから感じていた問題意識，教頭という立場が持つ責
任や能力，教員との日ごろの関係性などを統合して生まれたものである。ま
たこうした問題意識や能力が取り組みとして統合された背景には，研究者と
ともに問題について自ら再考するという過程が大きく影響を及ぼしていた。
　コミュニティ心理学では，いかなるコミュニティにも，そこに存在する問
題を解決，予防しようという意識やモチベーションがあり，解決へ向けた取
り組みを行うために必要な資源や能力を，潜在的に有していると考えられて
いる。特に，学校や会社といった明確な構造や存在目的がある組織では，組
織を維持，発展させ目的を達成するために有形無形の資源があり，妨げとな
る問題を取り除こうという意志が存在している。それにも関わらず問題が存
在しているのは，そうした問題意識や資源，能力が散在しており，解決，予
防のための取り組みとして適切に統合されていないことに原因がある。従っ
て，専門家という立場に立つ者が行うべきことは，散逸している資源や能力
を実践へと統合するコミュニティによる取り組みを支援することにあるので
はないだろうか。問題領域の種類や程度によっては，特に初期には，専門家
が強力に主導することが必要な場合もあるかもしれない。しかし専門家が主
導し続けるプログラムは，専門家がいなければ存在し続けることができない。

専門家がその場から去ったと同時にプログラム自体も消滅するか，たとえ継続されたとしても，不十分な形で行われて次第に効果を発揮しなくなり，いずれ衰退することになる。

　だからこそ，プログラムの開発，計画の策定と実施，評価など，プログラムのあらゆる側面をコミュニティの手にゆだねることで，実施されるコミュニティのコンテクストに根差したプログラムが作り上げられ，継続的に効果を発揮し続けることが可能となる。そのために専門家がすべきことの中心は，コミュニティの能力や主体性を尊重すること，コミュニティが能力を発揮できる環境づくり，すなわち，コミュニティのエンパワーメントであり，問題解決に直結する知識や技術の支援は，コミュニティの主体性を損なわないよう必要に応じて必要なだけ行えば十分なのである。そして，そうしたコミュニティのエンパワーメントを実現するためには，研究者は，コミュニティとで，対等な立場として互いに尊重しあう協働的なパートナーシップの構築が必要かつ有効である。

第2節　コミュニティに根差した介入の構築の重要性

　本プロジェクトの中では，研究者が選択，構築した特定の介入プログラムの実施を求めず，理論ベースと実践例を提供した上で，これらを参考に教頭自身が介入プロジェクトを構築するよう求めた。科学的なプログラム評価研究の視点では，統制のとれない実践の評価を行うことは，評価の妥当性に欠くことは否めない。もし，科学研究の原則に基づいて，研究者主導でプログラムを構築し，厳密に実施することができたとすれば，本プロジェクトのような曖昧な結果ではなく，明確な効果を確認することができたかもしれない。そして，より科学的に厳密で，妥当性の高いプログラム評価の実施も可能だったかもしれない。しかし，本プロジェクトは，1回のプログラムの実施期間にだけでも，1年の時間を費やしている。研究者主導でトップダウン的に

導入された，しかも職務上の義務ではないプログラムを，教頭らが果たして，高い熱意や動機づけを保ったまま，1年間継続することが可能だったであろうか。

　そもそも，日本の学校教育現場における教員のバーンアウト予防は，まだ小規模での試行段階を脱しておらず，統制されたプログラム実施の評価を行う研究スタイルに耐えるベスト・プラクティスはまだ存在していない。つまり，現時点では，トップダウン的に導入すべきプログラムはなく，本プロジェクトは，そのような汎用性のあるプログラム開発のスタート地点に位置づけることができよう。

　プログラムが効果的であるとともに，短期で終わるものではなく，長期的に現場に根差すためには，プログラムを構築する基本となる理論を重視しつつ，実施するコミュニティの知見を活かすことがカギとなる。コミュニティの人々が，自身の手で作り上げたプログラムは，コミュニティのコンテクストや意図が反映されているだけでなく，コミュニティの人々が所有感や愛着を抱く対象となる。どれだけ理論的に妥当性であったとしても，コミュニティの人々に受け入れられないプログラムは，効果を生まないどころか，そもそも実践すらされない可能性すらある。

　ただし，コミュニティの知見を活かすということが，即，コミュニティの言うままのプログラムを実施することを意味するわけではない。コミュニティに，コミュニティに関する確固たる知識や経験があるのと同じように，研究者も，専門家としての知識や技術，経験を有している。コミュニティの実践を目指す研究者が持つべき姿勢は，学術的知見や姿勢を守りながら，コミュニティの知識や意思を，学術の言葉に置き換え，学術とコミュニティの持つ知見を統合する能力であろう。

第3節　研究者とコミュニティの協働のあり方としてのエンパワーメント評価

　研究を通して構築された理論やモデルの生態学的妥当性や一般化可能性を検討するためには，実際に現場でその理論やモデルを活用し，その効果を見ることが欠かせない。はじめは小規模の仮説検証型研究によって，そして，次第に規模を拡大させて評価研究を行うことになる。しかし，本プロジェクトの中でも見られたように，人は評価に対して不安や恐怖，嫌悪感を抱くことが多い（Donaldson, Gooler, & Scriven, 2002）。評価はコミュニティの問題を露見させ，自分たちを劣った存在として示すことにならないだろうか，あるいは，評価がコミュニティでのプログラム実施の邪魔にならないだろうかなど，外部から評価をすることには利点がある一方で，評価不安を招きやすい。しかし，自ら評価をする立場になったらどうだろうか。評価の客観性は評価手法の問題であり，評価主体とは関係がない。評価結果を自分たちの手で導き出すという行動はプログラムに対する所有感を高めることにもなるだろう。

　さらにプログラム評価を用いて理論や実践方略の検証を目指す研究者にとっても，コミュニティの手による自己評価にはメリットがある。先に述べたようにプログラムに対するコミュニティの所有感の向上は，プログラムの実施と継続を容易にし，評価研究を進めやすい環境づくりに寄与する。また，自己評価によってコミュニティが評価の実施や改善へと前向きになることで，評価研究に基づく理論と方法論の発展も進むだろう。コミュニティの手による自己評価を目指すエンパワーメント評価は，評価研究を実施する研究者にとっても利点が多いモデルといえる。

　さらにエンパワーメント評価は，コミュニティの人々と研究者が同じテーブルにつき，対等な立場でコミュニケーションをするためのコミュニケーション・ツールとして貢献する。エンパワーメント評価の原理では，民主的参

加や意思決定を最も重視しているが，これはコミュニティの人々が自由勝手に物事を進めるという意味ではない。エンパワーメント評価が目指すのは理論や根拠に基づく意思決定であり，そのためには，研究者の関与があってもよい。しかし，コミュニティの人々と研究者という，立場も知識も専門性も異なる者同士が対等な議論を行うためには，議論の基盤となる共通理解が必要である。エンパワーメント評価と，その実践手法である GTO（Chinman, Imm, & Wandersman, 2004 井上・伊藤・池田・池田（訳）2010；第3章を参照）は，従来，専門家が独占していた評価という知識とスキルをコミュニティに提供することで，評価という共通のテーブルで議論を行うこと，すなわち真の意味での協働が実現できるようになる。これは，専門家の知見を活用できるというコミュニティ側のメリットだけでなく，研究者にとっても，コミュニティについての知識，知見を獲得しやすくなるというメリットをもたらすことになるだろう。

第4節　協働的コミュニティ実践研究に必要な研究者の　　　キャパシティ

　研究者とコミュニティとの協働を進めるためのコミュニケーション・ツールとしてのエンパワーメント評価の効用について述べたが，こうしたツールを使用する以前の問題として，研究者の態度やキャパシティも，欠かせない要素として挙げられるだろう。心理学の歴史をさかのぼると，大学の中に設置された実験室での実験からスタートしている。しかし，Lewin（1946）がアクション・リサーチの重要性を掲げて以降，特に社会に関わる領域での心理学研究は，実際に人が生活する場所を舞台に行われるケースが増えてきた。それでもなお，研究者の根底にある意識は，実験室実験を行っていた時代と変わっていないのではないだろうか？　研究者倫理の観点からこうした問題が見直され，論文執筆の際の言葉遣いとして，被験者（subjects）は参加者

（participants）や回答者（respondents）という言葉に置き換えられた。だが，言葉は変わっても，研究者はいまだに，現場を，自分の理論を試す（test）場としてしか見ていないだろうか。

　この問題を，プログラム実践に必要な資源という側面から考えてみる。プログラムを実施するためには，物的・経済的資源，人的資源，専門的資源などが必要と言われている。物的・経済的資源とは，プログラムに必要な物品や場所等を調達したり，スタッフの雇用に充てたりするために必要な物や金銭を指している。人的資源とは，プログラムを実施，運営するための組織におけるリーダーシップや，知識や技能を持つ人材を意味している。専門的資源とは，プログラムを開発，計画し，実施，評価を行うために必要な，専門的な知識やスキルを意味している。

　実践研究という文脈で研究者がフィールドに関わるとき，こうした資源の一部，または全てを研究者が提供することが多い。本書で取り上げたプログラムを例に考えてみると，物的・経済的資源については，研究者が関わっていた2年間，調査に必要な印刷費や，ミーティングのために研究者が現地へ赴く旅費といった，プロジェクト遂行に要した費用は，研究者が自身の研究資金から支出していた。また，プログラムを構築するにあたり，心理学におけるこれまでの研究知見を収集し，モデルとなるプログラムの例を提供したことは，専門的資源の提供にあたるだろう。本プロジェクトにおいて，人的資源については，実際のプログラム実施を教頭の手に委ねたが，仮に，プログラムを研究者自らが実施，運営したら，どのようなことが起こっていたであろうか。

　研究者は，理論的に正しいという予測に基づき，プログラム実践を試みることになる。こうした試みは，確かに効果をもたらすかもしれない。また，研究者が，研究に必要なあらゆる資源を提供し，意思決定権を持つことができるため，科学的に厳密なプログラム評価を実施することも，可能かもしれない。しかし，研究者が関わる期間は限られている。研究者が研究目的を達

成し，現場から離れるとともに，研究者が提供していたあらゆる資源は，現場には供給されなくなる。つまり，研究者が提供していた資源で運営していたプログラムは，継続が困難となる。これは，研究者が現場へ介入する以前に戻っただけのように見えるかもしれない。しかし，果たしてそうであろうか。

　研究者は，フィールドにとって異質の存在であり，研究は，フィールドにとって非日常の営みである。異質なものがフィールドに入るときには，多かれ少なかれ，現場に混乱や負担感，不安が生じるだろう。特に実践を伴う研究の場合，関わる期間も長く深くなるため，現場が抱きうる負担感や混乱も大きくなりがちである。もちろん，実践研究が現場にもたらすものは，混乱や負担感といったネガティブなものばかりとは限らない。実践を通して，現場の問題が改善したり，予防したりという，ポジティブな効果を得ることもできる。しかし，研究者が現場を離れて実践の継続が不可能となった時，こうしたポジティブな効果も失われてしまう。もしも，研究者が現場で実践研究を行った結果，現場に残るものが，研究過程で生まれた混乱や負担というネガティブな記憶だけだとすれば，現場は，研究に対して，嫌悪感や否定的態度を抱く可能性すらある。第3章で評価に対する不安について述べたが，コミュニティの人，特に学校のような格好の研究対象と見られ続けてきた人々は，これまでの経験から自分たちが，（研究者は意図していないとはいえ）実験台のように扱われること，つまり，研究に対する不安を抱く可能性を，研究者は想定すべきであろう。

　では，現場が抱きうる否定的感情を想定した研究者は，どのような姿勢で現場と関わる研究を行えばよいのだろうか？　本プロジェクトでは，コミュニティ心理学の理念に基づき，現場に生きる人の強みを重視し，現場で持続可能な実践の構築を目指したものであった。プログラム評価のための調査項目の数を最小限に抑えることで，調査へ回答する際の負担感の低減を図った。調査の分析や解釈をブラックボックス化せず，プログラムの実践を主導した

教頭らとともに取り組むことで，教頭ら自身が評価を継続できる知識と技術を提供するよう心がけた。専門的な知識の提供を，プログラム構築に必要な根本部分に留めることで，実践に取り組む教頭らによる知識獲得を容易にするよう工夫した。具体的な実践内容を教頭らの手に委ねることで，獲得した知識を，教頭ら自身がプログラムを構築する際に活用できるよう支援した。このような，現場と関わる研究者の態度を決める指針が，エンパワーメント評価であったといえる。

　エンパワーメント評価は，単純な，評価実践ツールではない。エンパワーメント評価とは，現場の力を最大限に高めるための，研究者と現場との共通のコミュニケーション・ツールであると言える。エンパワーメント評価を活用し，フィールドの人々の主体性を尊重するプログラム実践を進めるためには，まず，フィールドの人が抱きうる研究に対する不安や恐怖，嫌悪感の存在を考えること，そして，そうした不安を生み出してきたこれまでの心理学研究の問題点を省み，真摯な態度でフィールドの人と関わることという，研究者の態度や心構えが必要なのである。残念なことに，心理学研究に関する国内外のテキストで，こうした研究倫理を越えたフィールドとの関わりのレディネスについて，充分に触れているものは少ない。しかし，研究の方法論の観点からも，このような，フィールドと関わる研究を行うために必要な研究者のキャパシティについて，さらに検討を重ねる必要があるだろう。

第5節　おわりに

　学問には，その学問の誕生から今日までに蓄積されてきた，様々な知恵がある。同様にコミュニティには，そのコミュニティが歩んできた歴史や作り上げてきた文化があり，そのコミュニティに生きる人々は，そうした歴史や文化の担い手であり，専門家である。同時に，コミュニティで起きている問題の背景にも，コミュニティの歴史や文化が深く関わっている。こうしたコ

ミュニティの問題を解決，予防することを目指して学術領域の専門家が関わるということは，専門性や歴史，文化的背景が異なる者同士が関わるということであり，いわば異文化間接触の場面なのである。

　学術的関心から行われている単発の研究のような場合であれば，研究対象者が同意している範囲を越えなければ研究に対する意思をくみ取る必要はなく，研究者の興味関心を基に，科学的研究手法を重視した方法を駆使した研究を行えばよい。こうした基礎研究も重要であり，基礎研究の積み重ねがあるからこそ，応用的，実践的な研究を実施することができる。しかし，研究知見の応用・実践場面に，基礎研究と同じ思想や手法を持ち込む必要はなく，また持ち込むべきではない。基礎研究とは異なり実践研究では，研究に参加した人々も何かを得ることになる。研究者が主導することで短期的には研究参加者の利益になる変化が得られるだろう。しかし，中・長期的視点で，そうした変化にはどのような意味があるのだろうか。短期的に生じた変化を短期で終わらせず長期的な変化へと転換させていくためには，実践が行われるコミュニティに実践が定着すること，そのためには研究者が持つ学術に関する専門性と，コミュニティの人々が持つコミュニティの歴史や文化，人間関係などのコンテクストに関する専門性との統合が不可欠である。

　心理学研究は今後，実践場面での応用研究の重要性がますます増大していくだろう。心理学の学術知見に対する社会的な期待も高まっている。そうした中で求められている心理学的実践研究は，学術へ対する貢献とともに，将来にわたる現場，コミュニティへの貢献を目指し，コミュニティの人々と手を取り合って，最良の実践を構築していくことにある。そして，コミュニティとの協働を進めることができるための研究者としての考えや姿勢が，今まさに問われているのである。

引 用 文 献

Albee, G. W. (1982). Preventing psychopathology and promoting human potential. *American Psychologist*, **37**, 1043-1050.

Amirkhan, J. H. (1990). A factor analytically derived measure of coping: The coping strategy indicator. *Journal of Personality and Social Psychology*, **59**, 1066-1074.

Appley, M. H., & Trumbull, R. (1967). On the concepts of psychological stress. In M. H. Appley & R. Trumbull (Eds.), *Psychological stress: Issues in research*. New York: Appletone-Century-Crofts, pp. 3-15.

Barrera, M. (1986). Distinctions between social support concepts, measures, and models. *American Journal of Community Psychology*, **14**, 413-445.

Barrera, M. (2000). Social support research in community psychology. In J. Rappaport & E. Seidman (Eds.), *Handbook of community psychology*. Kluwer Academic/Plenum Publishers, pp. 215-245.

Barrera, M., & Ainlay, S. L. (1983). The structure of social support: A conceptual and empirical analysis. *Journal of Community Psychology*, **11**, 133-143.

Beehr, T. A., King, L. A., & King, D. W. (1990). Social support and occupational stress: Talking to supervisors. *Journal of Vocational Behavior*, **36**, 61-81.

Bell, R. A., LeRoy, J. B., & Stephenson, J. J. (1982). Evaluating the mediating effects of social support upon life events and depressive symptoms. *Journal of Community Psychology*, **10**, 325-340.

Broadhead, W. E., Kaplan, B. H., James, S. A., Wagner, E. H., Schoenbach, V. J., Grimson, R., Heyden, S., Tibblin, G., & Gehlbach, S. H. (1983). The epidemiologic evidence for a relationship between social support and health. *American Journal of Epidemiology*, **117**, 521-537.

Buunk, B. P., Doosje, B. J., Jans, L. G. J. M., & Hopstaken, L. E. M. (1993). Perceived reciprocity, social support, and stress at work: The role of exchange and communal orientation. *Journal of Personality and Social Psychology*, **65**, 801-811.

Caldwell, R. A., & Reinhart, M. A. (1988). The relationship of personality to individual differences in the use of type and source of social support. *Journal of So-

cial and Clinical Psychology, **6**, 140-146.

Caplan, G. (1964). *Principles of preventive psychiatry*. Oxford, England: Basic Books.

Carroll, J. F., & White, W. L. (1982). Theory building: Integrating individual and environmental factors within ecological framework. In W. S. Paine (Ed.), *Job stress and burnout*. Thousand Oaks, CA: Sage Publications, pp. 41-60.

Chinman, M., Imm, P. S., & Wandersman, A. (2004). *Getting to outcomes 2004: Promoting accountability through methods and tools for planning, implementation, and evaluation*. Santa Monica, CA: RAND.
（井上孝代・伊藤武彦（監訳）池田満・池田琴恵（訳）(2010). プログラムを成功に導く GTO の10ステップ：計画・実施・評価のための方法とツール　風間書房）

Cohen, S., & Edwards, J. R. (1989). Personality characteristics as moderators of the relationship between stress and disorder. In R. W. J. Neufeld (Ed.), *Advances in the investigation of psychological stress*. Oxford, England: John Wiley & Sons, pp. 235-283

Cohen, S., & Hoberman, H. M. (1983). Positive events and social supports as buffers of life change stress. *Journal of Applied Social Psychology*, **13**, 99-125.

Cohen, S., Kamarck, T., & Mermelstein, R. (1983). A global measure of perceived stress. *Journal of Health and Social Behavior*, **24**, 385-396.

Cohen, S., & Wills, T. A. (1985). Stress, social support, and the buffering hypothesis. *Psychological Bulletin*, **98**, 310-357.

Conger, J. A., & Kanungo, R. N. (1988). The empowerment process: Integrating theory and practice. *Academy of Management Review*, **13**, 471-482.

Cutrona, C. E. (1990). Stress and social support: In search of optimal matching. *Journal of Social and Clinical Psychology*, **9**, 3-14.

Dalton, J. H., Elias, M. J., & Wandersman, A. (2007). *Community psychology: Linking individuals and communities*. 2nd ed. Belmont, CA: Wadsworth/Thomson Learning.

de Heus, P., & Diekstra, R. F. W. (1999). Do teachers burn out more easily? A comparison of teachers with other social professions on work stress and burnout symptoms. In R. Vandenberghe, & A. M. Huberman (Eds.), *Understanding and preventing teacher burnout: A sourcebook of international research and practice*. New York: Cambridge University Press, pp. 269-284.

Dohrenwend, B. S. (1978). Social stress and community psychology. *American Journal of Community Psychology*, **6**, 1-14.

土居健郎 (1988). 燃え尽き症候群　金剛出版

Donaldson, S. I., Gooler, L. E., & Scriven, M. (2002). Strategies for managing evaluation anxiety: Toward a psychology of program evaluation. *American Journal of Evaluation*, **23**, 261-273.

Dugan, M. A. (1996). Participatory and empowerment evaluation: Lessons learned in training and technical assistance. In D. M. Fetterman, S. Kaftarian & A. Wandersman (Eds.), *Empowerment evaluation: Knowledge and tools for self-assessment and accountability*. Thousand Oaks, CA: Sage Publications, pp. 277-303.

Dworkin, A. G., Haney, C. A., & Telschow, R. L. (1988). Fear, victimization, and stress among urban public school teachers. *Journal of Organizational Behavior*, **9**, 159-171.

Elias, M. J. (1987). Establishing enduring prevention programs: Advancing the legacy of Swampscott. *American Journal of Community Psychology*, **15**, 539-553.

Endler, N. S., & Parker, J. D. (1990). Multidimensional assessment of coping: A critical evaluation. *Journal of Personality and Social Psychology*, **58**, 844-854.

Fetterman, D. M. (1996). Empowerment evaluation: An introduction to theory and practice. In D. M. Fetterman, S. Kaftarian & A. Wandersman (Eds.), *Empowerment evaluation: Knowledge and tools for self-assessment and accountability*. Thousand Oaks, CA: Sage Publications, pp. 277-303.

Fetterman, D. M. (2003). Empowerment evaluation strikes a responsive cord. In S. I. Donaldson & M. Scriven (Eds.), *Evaluating social programs and problems: Visions for the new millennium*. Mahwah, NJ: Lawrence Erlbaum Associates Publishers, pp. 59-72.

Fetterman, D. M. (2005). Empowerment evaluation principles in practice: Assessing levels of commitment. In D. M. Fetterman, & A. Wandersman (Eds.), *Empowerment evaluation principles in practice*. New York: Guilford Press, pp. 42-72.

Fetterman, D. M. (2015). Empowerment evaluation: Theories, principles, concepts, and steps. In D. M. Fetterman, Kaftarian, S. J. & A. Wandersman *Empowerment evaluation: Knowledge and tools for self-assessment, evaluation, capaci-*

ty building, and accountability (2nd Ed.). NY: Sage Publications, pp. 20-42.

Fimian, M. J., & Fastenau, P. S. (1990). The validity and reliability of the teacher stress inventory: A re-analysis of aggregate data. *Journal of Organizational Behavior*, 11, 151-157.

Flaspohler, P., Lesesne, A. A., Puddy, R. W., Smith, E., & Wandersman, A. (2012). Advances in bridging research and practice: Introduction to the second special issue on the Interactive System Framework for Dissemination and Implementation. *American Journal of Community Psychology*, 50, 271-281.

Folkman, S., & Moskowitz, J. T. (2004). Coping: Pitfalls and promise. *Annual Review of Psychology*, 55, 745-774.

French, J. R., Rodgers, W. L., & Cobb, S. (1974). Adjustment as person-environment fit. In G. Coelho, D. Hamburg & J. Adams (Eds.), *Coping and adaptation*. New York: Basic Books, pp. 316-333.

Freudenberger, H. J. (1974). Staff burnout. *Journal of Social Issues*, 30, 159-165.

Freudenberger, H. J., & North, G. (1986). *Women's burnout: How to spot it, how to reverse it, and how to prevent it*. New York: Penguin Books.

Fujikake, Y. (2008). Qualitative evaluation: Evaluating people's empowerment. *Japanese Journal of Evaluation Studies*, 8, 25-37.

Goleman, D. (1995). *Emotional intelligence*. New York: Bantam Books.

Gore, S. (1981). Stress-buffering functions of social supports: An appraisal and clarification of research models. In B. S. Dohrenwend & B. P. Dohrenwend (Eds.), *Stressful life events and their contexts*. New York: Prodist, pp. 202-222.

Greenglass, E. R., Fiksenbaum, L., & Burke, R. J. (1995). The relationship between social support and burnout over time in teachers. In R. Crandall, & P. L. Perrew (Eds.), *Occupational stress: A handbook*. Philadelphia, PA: Taylor & Francis, pp. 239-248.

橋本剛 (2005). ストレスと対人関係 ナカニシヤ出版

服部兼敏 (2010). テキストマイニングで広がる看護の世界：Text Mining Studio を使いこなす ナカニシヤ出版

久田満・千田茂博・箕口雅博 (1989). 学生用ソーシャル・サポート尺度作成の試み (1) 日本社会心理学会第30回大会論文集, 143-144.

House, J. S. (1981). *Work stress and social support*. Reading, MA: Addison-Wesley.

池田琴恵・池田満 (2009). Getting To Outcomes の日本の学校評価への適用可能性

の検討：評価を活用した学校のエンパワーメントに向けて　マクロ・カウンセリング研究，**8**，2-15.

池田（岡崎）琴恵・池田満・山内（濱口）まち子・玉井航太・渡辺亜紀子（2009）．フィールド研究におけるデータ収集・介入困難への示唆（1）：経験事例に基づいた調査・実践研究の課題の検討　応用心理学研究，**34**，107-118.

池田満（2007）．評価をコミュニティの手へ：プログラム評価モデルの発展とエンパワーメント評価　マクロ・カウンセリング研究，**6**，2-15.

池田満（2015）．紛争当事国の学生が抱く紛争認識：原因，解決における主体的関与の意識　応用心理学研究，**41**，98-99.

伊藤美奈子（2000）．教師のバーンアウト傾向を規定する諸要因に関する探索的研究：経験年数・教育観タイプに注目して　教育心理学研究，**48**，12-20.

岩瀬直樹（2003）．教師も学び合う「協働文化」を生み出す学校スタイル：上越市立高志小学校を事例として　平成14年度長期研修派遣教員報告書：補論（2003年2月28日）<http://www1.s-cat.ne.jp/iwase/upfile/kyoudoubunka.pdf>（2016年8月23日）

周玉慧（1994）．ソーシャル・サポートの効果に関する拡張マッチング仮説による検討：在日中国系留学生を対象として　社会心理学研究，**10**，196-207.

周玉慧・深田博己（1996）．ソーシャル・サポートの互恵性が青年の心身の健康に及ぼす影響　心理学研究，**67**，33-41.

片受靖・庄司一子（2000）．勤労者のソーシャルサポートの互恵性が精神的健康に与える影響　カウンセリング研究，**33**，249-255.

Kessler, R. C., Price, R. H., & Wortman, C. B.（1985）. Social factors in psychopathology: Stress, social support, and coping processes. *Annual Review of Psychology*, **36**, 531-572.

北神正行・高木亮（2007）．教師の多忙と多忙感を規定する諸要因の考察Ⅰ：戦後の教師の立場と役割に関する検討を中心に　岡山大学教育学部研究集録，**134**，1-10.

Klcin, K. J., Ralls, R. S. Smith-Major, V., & Douglas, C.（2000）. Power and participation in the workplace: Implications for empowerment theory, research, and practice. In J. Rappaport, & E. Seidman（Eds.）, *Handbook of community psychology*. New York: Kluwer Academic Publishers, pp. 273-295.

Kloos, B., Hill, J., Thomas, E., Wandersman, A., Elias, M. J., & Dalton, J. H.（2012）. *Community psychology: Linking individuals and communities*（3rd Ed.）. Belmont, CA: Cengage.

古川正文・尾崎高弘・浅川潔司・天根哲治（2002）．教師の自己エンパワーメント測定尺度の作成　学校教育学研究，**14**, 15-24.

久保真人・田尾雅夫（1994）．看護婦におけるバーンアウト：ストレスとバーンアウトとの関係　実験社会心理学研究，**34**, 33-43.

久保真人・田尾雅夫（1996）．バーンアウトの理論と実際：心理学的アプローチ　誠信書房

久富善之（1988）．教員文化の社会学的研究　多賀出版

久富善之（1995）．教師のバーンアウト（燃え尽き）と「自己犠牲」的教師像の今日的転換：日本の教員文化・その実証的研究（5）　一橋大学研究年報　社会学研究，**34**, 3-42.

倉戸ツギオ（1999）．バーンアウトとパーソナル・スペースとの関係　医学と生物学，**139**, 259-262

草海由香里（2014）．公立小・中学校教師の休職・退職意義に影響を及ぼす諸要因の検討　パーソナリティ研究，**23**, 67-79.

Kyriacou, C., & Sutcliffe, J. (1978). Teacher stress: Prevalence, sources, and symptoms. *British Journal of Educational Psychology*, **48**, 159-167.

LaRocco, J. M., House, J. S., & French, J. R. (1980). Social support, occupational stress, and health. *Journal of Health and Social Behavior*, **21**, 202-218.

Larson, C. C., Gilbertson, D. L., & Powell, J. A. (1978). Therapist burnout: Perspectives on a critical issue. *Social Casework*, **59**, 563-565.

Lawler, E. E., Mohrman, G. E., & Ledford, G. E. (1992). *Employee involvement and total quality management*. San Francisco, CA: Jossey-Bass.

Lazarus, R. S. (1966). *Psychological stress and the coping process*. New York: McGraw-Hill.

Lazarus, R. S., & Folkman, S. (1984). *Stress, appraisal and coping*. New York: Springer.

Leavy, R. L. (1983). Social support and psychological disorder: A review. *Journal of Community Psychology*, **11**, 3-21.

Lee, R. T., & Ashforth, B. E. (1996). A meta-analytic examination of the correlates of the three dimensions of job burnout. *Journal of Applied Psychology*, **81**, 123-133.

Leiter, M. P. (1993). Burnout as a developmental process: Consideration of control and escapist coping behavior. In W. B. Schaufeli, C. Maslach & T. Marek (Eds.), *Professional burnout: Recent developments in theory and research.* Washington, DC: Taylor & Francis, pp. 217–250.

Leiter, M. P., & Maslach, C. (1988). The impact of interpersonal environment on burnout and organizational commitment. *Journal of Organizational Behavior, 9,* 297–308.

Levine, M., Perkins, D. D., & Perkins, D. V. (2005). *Principles of community psychology: Perspectives and applications.* NY: Oxford University Press.

Lewin, K. (1946). Action research and minority problems. *Journal of Social Issues, 2,* 34–46.

Lin, N. (1986). Modeling the effects of social support. In N. Lin, A. Dean & W. Ensel (Eds.), *Social support, life events, and depression.* Orlando, FL: Academic, pp. 173–209.

Linney, J. A., & Wandersman, A. (1991). *Prevention plus III: Assessing alcohol and other drug prevention programs at the school and community level: A four-step guide to useful program assessment.* Rockville, MD: US Department of Health & Human Services.

Maslach, C. (1999). Progress in understanding teacher burnout. In R. Vandenberghe, & A. M. Huberman (Eds.), *Understanding and preventing teacher burnout: A sourcebook of international research and practice.* New York: Cambridge University Press, pp. 211–222.

Maslach, C., & Jackson, S. E. (1981a). *The Maslach Burnout Inventory.* Palo Alto, CA: Counseling Psychologist Press.

Maslach, C., & Jackson, S. E. (1981b). The measurement of experiencing burnout. *Journal of Occupational Behavior, 2,* 99–113.

Maslach, C., & Jackson, S. E. (1982). Burnout in health professions: A social psychological analysis. In G. Sanders, & J. Suls (Eds.), *Social psychology of health and illness.* Hillsdale NJ: Erlbaum, pp. 227–251.

Maslach, C., & Jackson, S. E. (1984). Patterns of burnout among a national sample of public contact workers. *Journal of Health and Human Resources Administration, 7,* 189–212.

Maslach, C., & Schaufeli, W. B. (1993). Historical and conceptual development of burnout. In W. B. Schaufeli, C. Maslach & T. Marek (Eds.), *Professional burn-*

210

out: Recent developments in theory and research. New York: Taylor & Francis, pp. 1-16.

McCormick, I. A., Siegert, R. J., & Walkey, F. H. (1987). Dimensions of social support: A factorial confirmation. *American Journal of Community Psychology*, **15**, 73-77.

McGrath, J. E. (1970). A conceptual formulation for research on stress. In J. E. McGrath (Ed.), *Social and psychological factors in stress.* Oxford, England: Holt, Rinehart, & Winston, pp. 10-21.

Miller, R. W., & Prichard, F. N. (1992). Factors associated with workers' inclination to participate in an employee involvement program. *Group and Organization Management*, **17**, 414-430.

Mitchell, R. E., Billings, A. G., & Moos, R. H. (1982). Social support and well-being: Implications for prevention programs. *The Journal of Primary Prevention*, **3**, 77-98.

宮下敏恵 (2009). 小・中学校教師におけるバーンアウト軽減方法の探索　上越教育大学研究紀要, **28**, 95-104.

宮崎康夫 (2007). 階層線形モデル (HLM) の教育研究への応用と分析結果の教育政策への利用の観点　日本テスト学会誌, **3**, 123-146

文部科学省 (2013). 教職員のメンタルヘルスについて (最終まとめ) 文部科学省 2013年3月29日　<http://www.mext.go.jp/component/b_menu/shingi/toushin/__icsFiles/afieldfile/2013/03/29/1332655_03.pdf> (2016年8月23日)

Mrazek, P.J. & Haggerty, R.J. (Eds.). (1994). *Reducing risks for mental disorders: Frontiers for preventive intervention research.* Washington, National Academy Press.

Murphy, L. R. (1991). Job dimensions associated with severe disability due to cardiovascular disease. *Journal of Clinical Epidemiology,* **44**, 155-166.

落合美貴子 (2003a). 教師バーンアウトのメカニズム：ある公立中学校職員室のエスノグラフィー　コミュニティ心理学研究, **6**, 72-89.

落合美貴子 (2003b). 教師バーンアウト研究の展望　教育心理学研究, **51**, 351-364.

落合美貴子 (2004). 教師バーンアウトのダイナミズム：解釈的アプローチと生態学的視座によるバーンアウトモデルの構築　人間性心理学研究, **22**, 133-144.

荻野佳代子 (1998). バーンアウト研究の課題と展望：その概念を中心に　学術研究　教育心理学編 (早稲田大学), **47**, 57-72

尾見康博 (1999). 子どもたちのソーシャル・サポート・ネットワークに関する横断的研究　教育心理学研究, **47**, 40-48.

O'Sullivan, R. G. (Ed.). (2004). *Practicing evaluation.* Thousand Oaks, CA: Sage Publications

Parkes, K. R., Mendham, C. A., & von Rabenau, C. (1994). Social support and the demand-discretion model of job stress: Tests of additive and interactive effects in two samples. *Journal of Vocational Behavior,* **44**, 91-113.

Patton, M. Q. (1997). *Utilization-focused evaluation: The new century text* (3rd ed.). Thousand Oaks, CA: Sage Publications.

Perkins, D. D. (1995). Speaking truth to power: Empowerment ideology as social intervention and policy. *American Journal of Community Psychology,* **23**, 765-794.

Perkins, D. D., & Zimmerman, M. A. (1995). Empowerment theory, research, and application. *American Journal of Community Psychology,* **23**, 569.

Phillips, B. N., & Lee, M. (1980). The changing role of the American teacher: Current and future sources of stress. In C. L. Cooper, & J. Marshal (Eds.), *White collar and professional stress.* London: Wiley, pp. 93-111.

Pick, D., & Leiter, M. P. (1991). Nurses' perceptions of the nature and causes of burnout: A comparison of self reports and standardized measure. *Canadian Journal of Nursing Research,* **23**, 33-48.

Pines, A. (1982). Changing organizations: Is a work environment without burnout an impossible goal? In W. S. Paine (Ed.), *Job stress and burnout.* Thousand Oaks, CA: Sage Publications, pp. 189-211.

Power, M. J., Champion, L. A., & Aris, S. J. (1988). The development of a measure of social support: The significant others (SOS) scale. *British Journal of Clinical Psychology,* **27**, 349-358.

Rafferty, J. P., Lemkau, J. P., Purdy, R. R., & Rudisill, J. R. (1986). Validity of the Maslach Burnout Inventory for family practice physicians. *Journal of Clinical Psychology,* **42**, 488-492.

Rappaport, J. (1981). In praise of paradox: A social policy of empowerment over prevention. *American Journal of Community Psychology,* **9**, 1-25.

Raudenbush, S. W., & Bryk, A. (2002). *Hierarchical linear models: Applications and data analysis methods* (2nd ed.).Thousand Oaks, CA: Sage Publication.

Riger, S. (1993). What's wrong with empowerment. *American Journal of Community Psychology*, **21**, 279-292.

Rodriguez-Campos, L. (2012). *Collaborative evaluation: Step-by-step* (2nd Ed.). Redwood, CA: Stanford University Press.

Rook, K. S. (1984). The negative side of social interaction: Impact on psychological well-being. *Journal of Personality and Social Psychology*, **46**, 1097-1108.

Rook, K. S. (1987). Reciprocity of social exchange and social satisfaction among older women. *Journal of Personality and Social Psychology*, **52**, 145-154.

Rossi, P. H., Lipsey, M. W., & Freeman, H. E. (2004). *Evaluation: A systematic approach* (7th ed.). Thousand Oaks, CA: Sage Publications.

Russell, D. W., Altmaier, E., & Van Velzen, D. (1987). Job-related stress, social support, and burnout among classroom teachers. *Journal of Applied Psychology*, **72**, 269-274.

Ryan, W. (1976). *Blaming the victim*. New York: Vintage Books.

迫田裕子・田中宏二・淵上克義 (2004). 教師が認知する校長からのソーシャル・サポートに関する研究 教育心理学研究, **52**, 448-457.

Sandler, I. N., Braver, S., & Gensheimer, L. (2000). Stress: Theory, research, and action. In J. Rappaport, & E. Seidman (Eds.), *Handbook of community psychology*. New York: Kluwer Academic Publishers, pp. 187-214.

Schradle, S. B., & Dougher, M. J. (1985). Social support as a mediator of stress: Theoretical and empirical issues. *Clinical Psychology Review*, **5**, 641-661.

Selye, H. (1956). *The stress of life*. New York, NY: McGraw-Hill.

Snijders, T. A. B. & Bosker, R. J. (1999). *Multilevel analysis: An introduction to basic and advanced multilevel modeling*. Thousand Oaks, CA: Sage Publications.

Starnaman, S. M., & Miller, K. I. (1992). A test of a causal model of communication and burnout in the teaching profession. *Communication Education*, **41**, 40-53.

Stevenson, J., Mitchell, R. E., & Florin, P. (1996). Evaluation and self-directionin community prevention coalitions. In D. M. Fetterman, S. Kaftarian & A. Wandersman (Eds.), *Empowerment evaluation: Knowledge and tools for self-assessment and accountability*. Thousand Oaks, CA: Sage Publications, pp. 208-233.

菅沼崇・浦光博 (1997). 道具的行動と社会情緒的行動がストレス反応と課題遂行に及ぼす効果：リーダーシップとソーシャル・サポートの統合的アプローチ 実験

社会心理学研究，**37**，138-149.

Sulsky, L., & Smith, C. (2007). Work stress: Macro-level work stressors. In A. Monat, R. S. Lazarus & G. Reevy (Eds.), *The Praeger handbook on stress and coping* (vol.1). Westport, CT: Praeger Publishers, pp. 53-86.

鈴木邦治 (1993). 教師の勤務構造とストレス：ストレッサーの認知的評価を中心に 日本教育経営学会紀要，**35**，69-82.

高木亮・北神正行 (2007). 教師の多忙と多忙感を規定する諸要因の考察 II：教師の 多忙感としてのストレスの問題を中心に 岡山大学教育学部研究集録，**135**，137-146.

Tetzloff, C. E., & Barrera, M. (1987). Divorcing mothers and social support: Testing the specificity of buffering effects. *American Journal of Community Psychology*, **15**, 419-434.

Thoits, P. A. (1982). Conceptual, methodological, and theoretical problems in studying social support as a buffer against life stress. *Journal of Health and Social Behavior*, **23**, 145-159.

Thoits, P. A. (1983). Multiple identities and psychological well-being: A reformulation and test of the social isolation hypothesis. *American Sociological Review*, **48**, 174-187.

United Way of America. (1996). *Measuring program outcomes: A practical approach*. Alexandria, VA: United Way of America.

W. K. Kellogg Foundation. (2001). *Using logic models to bring together planning, evaluation, and action: Logic model development guide*. Battle Creek, MI: W. K. Kellogg Foundation.

Wallston, B. S., Alagna, S. W., DeVellis, B. M., & DeVellis, R. F. (1983). Social support and physical health. *Health Psychology*, **2**, 367-391.

Wandersman, A. (2003). Community science: Bridging the gap between science and practice with community-centered models. *American Journal of Community Psychology*, **31**, 227-242.

Wandersman, A. (2009). Four keys to success (theory, implementation, evaluation, and resource/system support): High hopes and challenges in participation. *American Journal of Community Psychology*, **43**, 3-21.

Wandersman, A., Keener, D. C., Snell-Johns, J., Miller, R. L., Flaspohler, P., Livet-Dye, M., Mendez, J., Behrens, T., Bolson, B., & Robinson, L. (2004). Empowerment evaluation: Principles and action. In L. A. Jason, C. B. Keys, Y. Suarez-Balcazar, R. R. Taylor & M. I. Davis (Eds.), *Participatory community research: Theories and methods in action.* Washington, DC: American Psychological Association, pp. 139-156.

Wandersman, A., Snell-Johns, J., Lentz, B. E., Fetterman, D. M., Keener, D. C., Livet, M., Imm, P. S., & Flaspohler, P. (2005). The principles of empowerment evaluation. In D. M. Fetterman, & A. Wandersman (Eds.), *Empowerment evaluation principles in practice.* New York: Guilford Press, pp. 27-41.

Wandersman, A., Duffy, J., Flaspohler, P., Noonan, R., Lubell, K., Stillman, L., Blachman, M., Dunville, R., & Saul, J. (2008). Bridging the gap between prevention research and practice: The interactive systems framework for dissemination and implementation. *American Journal of Community Psychology,* 41, 171-181.

Weiss, C. H. (1998). *Evaluation* (2nd ed.). Upper Saddle River, NJ: Prentice Hall.
（佐々木亮（監修）前川美湖・池田満（訳）(2014). 入門 評価学：政策・プログラム研究の方法　日本評論社）

Weissberg, R. P., Kumpfer, K. L., & Seligman, M. E. P. (2003). Prevention that works for children and youth: An introduction. *American Psychologist,* 58, 425-432.

Wethington, E., & Kessler, R. C. (1986). Perceived support, received support, and adjustment to stressful life events. *Journal of Health and Social Behavior,* 27, 78-89.

Wiley, A., & Rappaport, J. (2000). Empowerment, wellness, and the politics of development. In D. Cicchetti, J. Rappaport, I. N. Sandler & R. P. Weissberg (Eds.), *The promotion of wellness in children and adolescents.* Washington, DC: Child Welfare League of America, pp. 59-99.

Williams, A. W., Ware, J. E., Jr., & Donald, C. A. (1981). A model of mental health, life events, and social supports applicable to general populations. *Journal of Health and Social Behavior,* 22, 324-336.

Wilson, S. M. (1993). The self-empowerment index: A measure of internally and externally expressed teacher autonomy. *Educational and Psychological Measurement,* 53, 727-737.

山口咲奈枝・遠藤由美子・小林尚美・藤田 愛 (2009). 産後1ヵ月の母親の育児に対する対処行動の実態および対処行動と育児不安，ソーシャルサポートとの関係

母性衛生，**50**，141-147．

八並光俊・新井肇（2001）．教師バーンアウトの規定要因と軽減方法に関する研究　カウンセリング研究，**34**，249-260．

安田節之・渡辺直登（2008）．プログラム評価研究の方法　新曜社

結城忠（2000）．学校における生徒の法的地位（38）「学校の役割・権利と責任に関する調査」から（1）　教職研修，**28**，97-101．

Zajonc, R. B.（1968）. Attitudinal effects of mere exposure. *Journal of Personality and Social Psychology*, **9**, 1-27.

Zimmerman, M. A.（1995）. Psychological empowerment: Issues and illustrations. *American Journal of Community Psychology*, **23**, 581-600

Zimmerman, M. A.（2000）. Empowerment theory: Psychological, organizational and community levels of analysis. In J. Rappaport, & E. Seidman （Eds.）, *Handbook of community psychology*. （pp. 43-63）. New York: Kluwer Academic Publishers.

あ　と　が　き

　本書は，著者が2010年に国際基督教大学大学院教育学研究科に提出した博士論文 *"Implementation and Evaluation of an Intervention for Teachers' Burnout Prevention on a Researcher-Community Collaborative Partnership: Toward Community-Driven Practice in Prevention Programs"* を再構成，加筆修正したものです。

　本書のもととなった研究をしていた2000年代前半は，"ゆとり教育" 末期にあたります。ゆとりという理念と具体的な方策との整合性が十分に議論されないまま，週5日制，総合的な学習の時間の創設など，学校教育の大きな変更が急速に進められていく中で，学校で子どもたちに前に立つ先生には "ゆとり" はなく，制度変更への対応，学力低下を危惧する社会からの期待など，異なる思惑の狭間で疲弊していました。そういう中で，本書に記した実践研究プロジェクトは行われました。

　本書を執筆するにあたって，5年という年月が流れていたため，統計データや先生方がおかれている状況について，新たに情報収集を行いました。その結果わかったことは，ゆとり教育の終わりは，新たな変革のスタートでしかなく，変革への対応を先生方に求め，先生方が疲弊をするという状況には何も変わりがないということでした。博士論文の審査委員を務めてくださった藤田英典先生（現・共栄大学副学長）は，著書『教育改革のゆくえ』（岩波書店）の中で，現状の問題点を精査しないままでの拙速な改革は，真に必要としない変革までをも生み，新たな問題を引き起こしかねないと警告しています。現場で先生方と関わる中で，多忙と疲弊で，先生方はゆとりを失っている現状は，無用の変革が生み出した新たな問題の1つかもしれません。

　それでも先生方は，子どもたちの教育のため，日々，努力と工夫を重ねて

いました。実践研究をともに行った教頭先生たちは，そうした先生たちをどうしたら支え，励ますことができるのか，同じく努力と工夫を重ねていました。私はコミュニティ心理学者として，そうした現場の努力や知恵から学び，社会に影響を与える大きな実践を見出すことこそが，コミュニティ心理学研究であると信じ，実践研究を行いました。本書をお読みいただいた方は感じられたことと思いますが，私が現場で何かしたことなど，ほとんどありません。実践を通して私は，現場に生きる人は，現場をよくしたいという強い思いをもち，精力的に働きかけていること，そしてコミュニティ心理学は，そうした現場の人に寄り添い協働しながら，取り組みを支援し，誰もが活用できる共有の知にすることであることを学びました。

　本書を手に取られた方は，本書に「教員のメンタルヘルス向上のためのヒント」が書かれていることを期待したかもしれません。しかし，ヒントは本書の中ではなく，現場にあります。研究者であれ，そのほかどんな立場であれ，現場に生きる人とともに働くこと，現場の思いや努力を尊重することが，現場をよくする，最良の方法であると信じています。「コミュニティのことを一番よく知っているのはコミュニティの人」なのです。

　本書の出版にあたって，南山学会より「南山大学学術叢書出版助成」をいただきました。助成の承認を下さった理事の先生方に感謝申し上げます。また助成申請にあたって，渡辺直登先生（慶應義塾大学教授・当時），井上孝代先生（明治学院大学名誉教授），伊藤武彦先生（和光大学教授），藤田英典先生（共栄大学副学長），中村和彦先生（南山大学教授），楠本和彦先生（南山大学教授）を審査者候補としてお名前を挙げさせていただき，このうち3名の先生方が匿名でご審査下さいました。6名の先生方すべてにお礼申し上げます。さらに，本書のもととなった実践研究に，ともに携わってくださった，某市教頭会の16名の教頭先生方には，感謝してもしきれません。実践研究を行ったときから年月がたち，校長に昇進された先生やすでに定年退職を迎えられた先生もいらっしゃると耳にしております。先生方が日本の教育に果たしてくだ

さった貢献は，かならず次世代につながるものと思います。加えて，本書の出版を快くお引き受けくださった風間書房の風間敬子氏にもお礼申し上げます。

　最後に，妻，池田琴恵（東京福祉大学講師）に，心より感謝の気持ちを伝えたいと思います。本書の実践研究プロジェクトを行った共同研究者として，家族として，心の支えであった以上に，研究者としての適格な助言，支援，叱咤を数多くもらいました。博士論文の完成へ向けてともに研鑽に励むという，今思えば色気のない新婚生活を過ごしたことが少々悔やまれます。それでも，一流の研究者を妻に持った幸運を喜び，感謝を忘れたことはありません。本書は二人で作り上げたものです。本書が，日本の学校教育と，コミュニティ心理学の実践研究の発展に，少しでも寄与することが，コミュニティ心理学者夫婦の願いです。

　　　2016年12月

　　　　　　　　　　　　　　　　　　　　　　　　池田　満

著者略歴

池田　満（いけだ　みつる）

1978年神奈川県生まれ。国際基督教大学 教養学部卒業（2001年），国際基督教大学 大学院 教育学研究科 教育心理学専修 博士前期課程 修了（2004年），同研究科 心理学専修 博士後期課程 修了（2010年），博士（教育学）。慶應義塾大学学生相談室 アソシエイト・カウンセラー等を経て，現在，南山大学人文学部心理人間学科 講師。著作に『プログラムを成功に導く GTO の10ステップ：計画・実施・評価のための方法とツール』（共訳・風間書房），『入門 評価学：政策・プログラム研究の方法』（共訳・日本評論社），『コミュニティ心理学ハンドブック』（分担執筆・東京大学出版会）『紛争当事国の学生が抱く紛争認識：原因，解決における主体的関与の意識』（応用心理学研究41号）等がある。

エンパワーメント評価モデルに基づく教員の
バーンアウト予防プログラム
―現場と研究者の協働による実践への示唆―

2017年3月20日　初版第1刷発行

著　者　池　田　　満

発行者　風　間　敬　子

発行所　株式会社風　間　書　房

〒101-0051　東京都千代田区神田神保町 1-34
電話 03(3291)5729　FAX 03(3291)5757
振替 00110-5-1853

印刷　太平印刷社　製本　高地製本所